朱家安

哲學雞蛋糕哲學

哲學雞蛋糕哲學

代序

哲學也可以這樣思考

朱家安

這本書，是「哲學哲學雞蛋糕」網站的精煉版本。我從六年來所撰寫的一千多篇文章裡，挑出最受歡迎的討論，加入生活化的案例，重寫成適合輕鬆吸收和思考的短文。每篇文章都可以用等公車之類的零碎時間讀完，讓思考迴盪在後續日常中。

當初會開始寫部落格，是因為我念了兩年哲學系之後，發現哲學還滿被誤解的。

在生活上，「哲學」常意味著那種很模糊神祕、聽都聽不懂的說法，或者註定沒有答案的問題。甚至最近連政治人物都學會用「那是哲學問題啦！」來躲避質詢。在書店裡，哲學書往往和宗教、命理、勵志書籍放在一起，它們之間水火不容的差異，似乎只能安息在書頁裡。

到了人與人之間，哲學氣息受到的待遇也沒有比較好。慣於哲學思考的人有時會被抱怨想太多、鑽牛角尖等等。當然，這些抱怨也有中肯的時候，畢竟念哲學不會讓你變得比較不機車。但是我相信，若了解了哲學人思考的方式和關切的方向，應該會比較能體諒我們有時候天外飛來一筆的問題或意見。

退一步看，其實某些癥結滿明顯的。哲學長久以來不得人疼，很大原因在於它慣用的語言很晦澀。好在我所屬的學術傳統（英美分析哲學）很鼓勵白話溝通。在網站上，我嘗試用最淺白的語言討論哲學，事實證明這很有效果：跟你在義務教育作文課裡的經驗相反，就算不掉書袋也不拐彎抹角，我們還是可以思考那些深奧且有趣的問題。

僅以此書獻給我的爸媽、提供我紮實訓練和鞭策的中正大學哲學系，以及所有願意翻開下一頁的朋友。

第一章

你知道嗎？其實這也是個哲學問題！

——哲學基本概念

哲學是什麼？

路人：哲學是什麼？

哲學家：問得好！你知道嗎？其實這也是個哲學問題！

日常對話中說「這是個哲學上的問題」，有時是指「這個問題沒有答案、難以討論」。不過，想知道哲學是什麼，提出哲學問題反而是方便的途徑。舉例來說，有個經典哲學問題：什麼是「知道」？我要怎樣才能算是「知道」桌上有杯豆漿？

你可能覺得：「什麼？這算什麼問題？『知道』不就是……咦？……」

看吧，事情沒有你想的那麼簡單。「知道」是我們天天在用的詞，你說：「我在辦公桌上留了紙條，所以老馬知道我們在酒吧。」他回說：「不，老馬不知道，因為我不小心把他的鑰匙帶走了，他沒辦法進辦公室。」你會說：「噢靠，我就知道你會搞砸！」然而「知道」到底是什麼意思？換個哲學家喜歡的方式問——要滿足哪些條件，才算是知道一件事情？

要知道「知道」有哪些條件，首先是列舉一個人知道某件事情的時候，會同時成立的那些事情。所以，當我知道桌上有杯豆漿的時候，哪些事情也同時成立？其實很容易想到：

1. 桌上必須真的有杯豆漿。如果我說：「我知道桌上有

杯豆漿」，但是桌上什麼都沒有，所以我頂多只能算是「以為」桌上有豆漿。

2. 我必須「相信」桌上有杯豆漿。如果桌上有杯豆漿，但我對這件事一點概念也沒有，或者我搞錯了，「相信」桌上放的是別的飲料，那我也不能算「知道」桌上有豆漿。

這兩項，剛好就是哲學家兩千年來研究「知道」所得出的經典條件之二——「事情真的發生了」和「相信事情發生了」。多數哲學家同意的第三個條件是「當事人之所以相信事情發生，是基於好理由」，不過，這又是另一串複雜的討論了。當你說你知道某件事情，這表示：首先，那件事情真的有發生，再來，你得相信那件事情有發生。如果缺了第一個「真實」（Truth）的條件，你就只是「以為」那件事情有發生，不算是知道；如果缺了第二個「信念」（Belief）的條件，那麼你跟那件事情之間，根本談不上知不知道。在理想的情況下，我們可以這樣整理：

	桌上有杯豆漿	桌上沒有豆漿
我相信桌上有豆漿	我知道桌上有杯豆漿	我以為桌上有杯豆漿
我相信桌上沒有豆漿	我以為桌上沒有豆漿	我知道桌上沒有豆漿
我根本沒想過桌上有沒有豆漿	我既不算是知道，也不算是以為桌上有或沒有豆漿	

上面這些關於「知道」的思考，很能說明哲學家做研究的方式。首先，哲學家挑一個大家常用或重要的概念去定義。但是哲學家也不能隨便對概念下定義，因為這些概念都是活生生的，大家每天都在使用的；如果哲學家給的定義跟大家平常的用法不一樣，很快就會受到挑戰，例如：

路人：什麼是道德？哪些行為在道德上是正確的？

哲學家：這個問題也是哲學問題哦！道德上正確的行為，就是能為最多數人帶來最大利益的行為！

路人：是喔，那殺死一個流浪漢，拿他的器官拯救五個病危的人，這也是道德上正確的囉？

這就是哲學理論上，行為效益主義（Action utilitarianism）所遇到的問題：哲學家觀察到，當我們評估行為的好壞時，所下的判斷跟行為的結果很有關聯——如果做出某個行為會導致很爛的結果，那麼我們就很可能傾向判斷「那個行為不好」，像是殺人或自殺。這種評估行為後果的方式，加上背後已經隱含「人人平等」的觀點，很容易就得出一個推論：「道德上的正確」就是「符合多數人的最大利益」。

但是，這樣的推論不見得就是對的。打個比方，我們都能順暢地說中文，很少犯文法上的錯誤，但若要把文法規則列舉出來，恐怕很困難。同樣地，我們雖然都掌握了「道德」、「知道」這些概念，可以在生活上自如運用這些概念與人溝通，但要一一定義出來並不容易。

當哲學家面對新出爐的定義，要測試是否恰當，最常見的方法，其實就是像上面的路人那樣，先假想各種情況，然後看看在這些情況下，這個定義是否符合一般的認知。

可能會有人覺得，這樣做實在是有夠麻煩。既然在生活上已經很會用那些概念了，為什麼還要特地找出定義呢？顯然不需要知道概念的定義，也能使用它，就像我們都不是因為先讀過中文文法書，才學會中文的，不是嗎？

一般人運用概念時，通常都不大會參考哲學家的定義。然而，我們也的確需要有人研究那些定義，因為我們有時會因對事物的看法不同起爭議，而有時候這些爭議不能放著不管，所以要回頭定義這些概念，才能釐清問題。例如說，當我們必須一起做出和道德有關的決定，但又缺乏共識時，藉由探究定義來釐清「道德是什麼？怎麼做才是道德的？」就變得非常重要。

描述和評價

路人：搶劫是錯的。

機器人：我聽不懂這是什麼意思？

路人：我說搶劫是錯的，從道德的觀點來看，搶劫是錯的、不對的、不該做的事。

機器人：你是說搶劫這個現象有這幾個特徵？

路人：是的。

機器人：是嗎？我理解的搶劫是：在對方知道的情況下，違反他的意願，取得他的擁有物。這串描述裡面找不到「錯的」或「道德上錯的」這些元素啊？

路人：違反他人的意願拿走對方的東西，這就是道德上錯的！

機器人：什麼？

這個機器人無法理解為什麼搶劫是錯的，這樣的機器人就算生產出來，恐怕也很難融入人類社會。不過，這個機器人的問題到底出在哪裡？是對搶劫不夠了解嗎？還是有其他缺陷？

機器人都已經對搶劫做出這般完整說明，你恐怕很難指責它對搶劫這件事本身的了解不夠正確。或許我們應該說，機器人雖然可以「描述」搶劫，但沒有能力「評價」搶劫。這個例子讓我們知道：描述和評價，是不一樣的兩件事情。

路人：你覺得AV女優明日花綺羅漂亮嗎？

機器人：她是日本國籍的女演員。長相是這樣（機器人馬上在牆上投影出明日花綺羅演出的劇情片段）：五官齊全、皮膚光滑無斑點、眼睛和乳房尺寸大於亞洲同齡女性的平均值；我的資料庫裡沒有關於她漂亮或不漂亮的資訊。

同樣地，機器人知道明日花綺羅是誰，也可以把她的基本資訊正確無誤說明給你聽，但無法對這個人做出評價。

哲學家非常在意描述和評價的差異，事實上，大部分的哲學家認為，這兩種表達方式是截然二分、完全不同的：

描述性語句	評價性語句
墮胎會殺死胚胎，胚胎是生命。	墮胎是罪惡。
自然界的動物不搞同性戀的。★	同性戀不道德。
宜蘭國際童玩節在1996年開辦。	童玩節比蘭雨節好玩。
你牙縫有菜渣。	你應該要用一下牙線。

粗略來講，描述性語句是對世界狀態的客觀描述，而評價性語句則是對世界狀態的評價★★。雖然描述和評價講的東西不一樣，但是不代表兩者之間沒有關係。

當我們討論道德或公共議題時，其實常常是在討論某個評價性語句有沒有道理。

婚前守貞是正確的人生選擇嗎？

拆了華光社區，蓋台北六本木是值得的嗎？

應該立法禁止墮胎嗎？

然而，我們在討論這些評價性語句時，相關的描述性語句是否為真，卻至關重要：

阿連：應該立法禁止墮胎。

小修：是喔，為什麼？

阿連：因為墮胎是罪惡。

小修：是喔，為什麼？

阿連：因為墮胎會殺死胚胎啊，胚胎是生命耶。

	理由是
墮胎是罪惡。	墮胎會殺死胚胎，胚胎是生命。
同性戀不道德。	同性戀不自然，自然界的動物都不搞同性戀的。
你應該要用一下牙線。	你牙縫有菜渣。
核廢料不能放在蘭嶼。	核廢料有輻射，很危險。

你可以看得出來，雖然評價性語句描述的不一定是客觀的狀態，但是當我們提出理由來支持時，這些理由幾乎都是描述性語句。

因此，當人們在公共或道德議題上有爭議，這個爭議可能發生在兩個地方，舉例而言：

同性戀違反道德嗎？	是	不是
對相關的評價性語句立場相同 對相關的描述性語句立場不同	同性戀不自然，自然界的動物都不搞同性戀的。	我同意如果動物界沒有同性戀，那同性戀就不自然、不道德。但是事實上有些動物也是有同性戀的，所以同性戀很自然！
對相關的描述性語句立場相同 對相關的評價性語句立場不同	同性戀不自然，自然界的動物都不搞同性戀的。	我同意自然界的動物都不搞同性戀，因此在這種意義下同性戀不自然。但又如何？只要不妨礙別人權益，任何行動都不違反道德。

在延燒已久的核四爭議中，有一些科學界的人士和反核運動支持者互相抨擊；科學家認為反核人士誤用科學方法，反核人士指責科學家空有理性卻罔顧人性。一旦掌握描述性語句和評價性語句之間的關聯，就會更了解該如何釐清這樣的爭論。

例如，核廢料有多少輻射值、在多大的距離可以傷害健康，這是描述性的問題；放在蘭嶼的核廢料是否應該移走，這是評價性的問題。如果科學家在意的，是大家有沒有誤用了科學方法，那麼，他們就應該堅守在科學的討論上，避免涉及價值判斷，不要讓人以為他們除了主張「蘭嶼核廢料的輻射值其實只有X」之外，還進一步主張「那些核廢料放在蘭嶼就好了，不需要遷出」。因為核廢料該不該放在蘭嶼，不能光從輻射值和健康的關係推論，還必須考慮其他因素，例如當初在蘭嶼設置廢料處理場的政治程序是否正當、有沒有充分尊重當地居民的意見等等。

★有些人會指出本表內容與事實有出入，因為科學家已經觀察到，自然界中許多物種都有同性戀傾向的個體。不過即便如此，這些句子依然是描述性語句，只是一個分類的標籤，跟語句內容的真假無關。

★★我在這裡陳述「評價性語句則是對世界狀態的評價」而非「評價性語句則是對世界狀態的『主觀』評價」，以至於跟前句不太對等。其中原因是：評價性語句的主觀、客觀與否也是哲學問題。

定義「定義」

義和：你不能偷舔小美的直笛吹嘴，這樣做不道德。
小團：你要先定義什麼是道德，我們才有辦法討論下去。
義和：那你要先定義什麼是定義。

我的朋友小乃曾經跟我抱怨，他們學校的哲學系學生很難溝通，常常沒講兩句，就被要求定義自己剛剛用的詞，讓她覺得有點機車。

哲學系學生喜歡要求定義，這雖然很煩，但背後其實有良好的學術理由。從蘇格拉底在雅典街頭詢問路人「你知道什麼是愛嗎？」開始，一直到笛卡兒分析自我的存在、普特南（Hilary Whitehall Putnam）論證語言的意義……哲學家都是從「釐清概念」開始，促成知識的進展。而釐清概念的基礎，則奠基在語詞的定義上。研究定義不僅僅是抽象的思考遊戲，還可以具體運用在生活上。

有一些哲學謎題乍看之下難以解決，就是因為沒有定義好，例如白馬論（見第51頁〈真正男子漢的歧義問題〉）。再來，有時候恰當的定義可以幫助我們做出決定。在二〇一二年的台鐵性愛趴事件中，有人以台鐵車廂是公共空間為理由，譴責參與者公然猥褻。哲學教授甯應斌回應指出★，公然猥褻與否並不是依據猥褻行為是否發生在公共空間來決定的，而是取決於行為人是否盡了隱密的義務——避免自己的猥褻之事曝於公眾視線下，「傷害」那些不想看見此事的人的眼睛。因此，若台鐵淫趴的參與者有關好車廂門窗、拉上窗簾，製造出外人無從進入的隱密空間，那麼，公然猥褻之嫌就無從成立。（當然，在這種情況下他們還是有可能違反《台鐵車廂租借條約》、《性交易防治法》或其他法律，不過這些又是另外的論題了。）

你可以看出，甯應斌的論證建立在「公然猥褻」的特定定義上。要讓結論成立，他也必須為這個定義辯護。這個例子彰顯了定義的重要：

我們必須注意公共討論裡所使用「關鍵概念」的定義，因為定義影響了討論的結果，也決定社會上道德判斷的方向。

當然，這不代表我們應該一直要求別人定義自己用的詞。那樣除了會很煩之外，另一個很實際的理由是，不可能辦到。堅持確認每個詞的定義的人，會像一休和尚裡的為什麼小弟弟一樣，光定義就占去所有討論時間，直到大家不歡而散為止。

以上這些事情顯示，討論時的定義程序中，有些問題需要進一步探究。首先，我們總是需要「用詞來定義詞」，這個事實可能讓一些人懷疑定義的效用，因為如此一來，定義在最終要嘛是循環的，要嘛是會無限後退，不管怎樣努力定義都沒完沒了。在這種情況下，定義怎麼可能協助我們溝通？再來，如果在討論中需要確認定義，但又不能過於堅持一一確認定義，要怎樣拿捏才恰當？

幸運的是，這兩個問題可能有一個共同的解答。

首先我們必須知道：下定義並非無中生有，憑空把某個詞的意思「製造」出來，而是用既有的概念拼湊我們要定義的那個詞。

我們把「單身漢」定義成「沒結婚的男人」，表示單身漢恰恰好就是「男人」、「結婚」、「沒有」的組合，不多也不少。如此一來，你就可以理解為什麼定義能協助別人學習新的概念：我們用對方已經掌握的概念，來描述新概念給他聽。你的外國朋友可能不知道什麼是單身漢，但如果他知道什麼是沒結婚的男人，你就可以讓他知道什麼是單身漢。

這種玩定義的方法，重複出現在歷史上每個關於定義的哲學知識進展中。在這些事蹟裡，哲學家並非憑空創造出某個正確的定義，而是在幾個重要的概念之間，用正確的方法搭起橋樑（或者把錯誤的橋拆掉）。例如哲學家彌爾（John Stuart Mill）企圖在「言論自由」和「獲得真理」之間搭上橋（見第117頁〈對決！言論自由，以及言論管制的自由！〉）；而一些關注邏輯的人則企圖把架在「上帝」和「無所不能」之間的橋拆掉（見第165頁〈上帝的手工水餃難題〉）。

定義不可能讓一個完全不懂語言的人，了解任何字眼。下定義，只是在不同的字眼或概念之間建立關係，用一些概念解釋另一些概念。

定義在溝通的作用，也建立在相同玩法上。雖然對於某些關鍵的、複雜的、抽象的詞彙，例如公然猥褻，每一個人的掌握度可能稍有不同，但在同一個社會裡，一起使用中文的我們，還是有很多共通的詞彙。利用這些詞彙，我們可以討論公然猥褻應該是什麼意思，以及如果它是這個或那個意思，會如何影響我們做出不同的決定，產生不同的後果。

如果定義是為了溝通，那麼，當參與溝通的人已經對於某些概念有所掌握，並且沒有重大的差異，而在這種情況下還在堅持要追究那些概念的意思，很可能就只是浪費時間。這也是為什麼我們認為剛才對話中的義和是在找麻煩——你自己都會叫別人定義了，怎麼可能不知道「定義」是什麼意思？

★〈評論台鐵車廂的群交事件——為何不是公然猥褻？〉 http://www.coolloud.org.tw/node/66803

直覺證明法

生物系：我們需要一千萬元的實驗器材。
哲學系：我們需要幾把椅子，還有……嗯，紙跟筆。

跟生物學家、化學家和社會學家比起來，哲學家一直以來的形象，似乎總和數學家差不多：不太做實驗、不會出門考察、不跑統計數據，看起來不知道在幹嘛，卻照常可以產出「研究成果」。

數學家的研究工夫比較好理解，他們運用已確立的「規則」來假設出各種數學系統，再根據這些規則去推演、論證，研究出手頭上這系統的性質。幾乎所有的數學研究，都需要建立在嚴謹的證明上。畢竟，數學家有機會發現的「數學知識」，其實絕大多數都已經藏在早就訂好的規則裡，只是等待證明而已（雖然「哥德爾不完備性定理」★會告訴你，其實有例外）。

但是哲學家呢？假如一個哲學家想說服你相信他的研究成果，他應該怎麼做？哲學家用來討論道德、自主性、同一性概念的方法、內容，好像沒辦法用公式、證明推算出來，不是嗎？

不知道你記不記得，那個把「概念定義」和「文法規則」拿來類比的例子？如果不記得的話，請看本書第21頁〈定義「定義」〉。如果我們先確定這件事：**哲學家主要的工作之一，是替我們為使用中的概念下定義。**接下來就比較容易理解，哲學家到底怎麼樣進行研究。數學家是從已經訂定的規則裡去挖掘數學知識，其實哲學家也一樣——得從某些先給定的東西出發。不過哲學家仰賴的不是鐵錚錚的規則，而是對於概念的「直覺」。

證明根號2不是有理數

假設	數學定義	結論
根號2是有理數。	有理數可以被化成分數，所以我們設根號2等於p/q，且p和q都是整數。 …… p和q互質，並且2是p和q的公因數。（矛盾）	根號2不是有理數。

要了解數學和哲學思考方法的不同，可以先來試試前面提過，反駁效益主義的論證（見第11頁〈哲學是什麼？〉）和「證明根號2不是有理數」之間的比較：

證明效益主義是錯的

假設	定義	結論
效益主義：道德上正確的行為，就是帶來最大效益的行為。	殺死一個人，拿他的器官拯救五個人，這能帶來最大利益。可是，這種事不道德。（矛盾）	因此，道德上正確的行為，不見得是帶來最大效益的行為——效益主義錯了。

這兩個論證都是「歸謬論證」，它們藉由預設自己要挑戰的對象，導出矛盾來完成證明。你可以很清楚看到，在數學證明裡面，使用的資源全部都來自數學定義。然而，在對等的推理位置上，哲學則以預設「我們對相關概念的特定直覺」來論證。

什麼，直覺!?你應該嚇到了：原來哲學家研究經費低廉的奧祕，竟然是某種類似第六感的東西！別急，在你把哲學家跟先知歸到同一類之前，先讓我說明一下哲學裡「直覺」的意思。

在哲學裡，直覺指的不是「不好的預感」或「這張應該會中！」這種預知能力，而是對於「使用概念」的既定習慣。

阿雄：我故意偷偷把議員的發言錄下來的，不過在我按下那個鍵之前，我也不知道那是錄音鍵。

阿Z：ㄏㄚˊ？

阿雄講的每個字你都懂，但整句湊在一起就是怪怪的，無法理解。因為根據我們的語言習慣，只有當你「事先知道那樣做會有這種結果」的時候，你才會說自己是「故意」的。不只是「故意」，我們使用的每個字詞，都會有像這樣既定的習慣用法，也因為有這些普遍使用的習慣用法（概念），我們才能用它們來溝通。

然而，這也是哲學微妙的地方：這些字詞的使用因為仰賴習慣用法，不像數學法則那樣有嚴格的規定，因此難免會有模糊地帶存在，在某些細節裡引發爭議。這就是為什麼，哲學家把我們對於習慣用法的偵測叫做直覺。現在你知道，哲學家有的不是預感，比較像是一般人指的「語感」；語感是每個語言使用者在認知能力正常的情況下，都擁有的能力。

哲學研究無時無刻仰賴這類直覺，讓哲學家在猜測概念的可能定義時，有方向可以參考；也讓哲學家能在各種假想情況（思想實驗）中測試提出的定義。因此，如果你要反駁別人的理論，最好的辦法就是創造出一個例子，讓對方的理論在這個例子中，產生「不合直覺」的結果；反過來說，當你需要為自己的理論辯護，最好的辦法之一，就是證明這個理論不管在什麼情況下都「符合直覺」。

當然，不得不承認的是，你有的直覺別人不見得有。這也是為什麼，人們就算同處相似環境，面對同一個道德問題的反應，還是可能完全不一樣——性工作是否必定矮化女性？就算大家對性工作的理解都相同，但依然可能給出不同的回答。這些直覺的歧異，就是哲學困難和有趣的地方。一些最有價值的哲學進展，就來自於在既有的爭議中抽絲剝繭，找出大家直覺歧異的源頭，並嘗試解決它。

★根據不完備性定理，在一些複雜到一定程度的系統裡，有一些句子，你不管怎麼努力，都無法證明它們為真或為假。

舉證責任、奧坎剃刀、本體論

阿撿：我養在房間的噴火龍頭上有隻角。

阿黎：少來，證據咧？

阿撿：為什麼是我要給證據？

阿黎：本來就是啊，主張特定事物存在的那一方必須要負起舉證責任！

阿撿：喔，那是我搞錯了，我的噴火龍頭上沒有角。

我第一次聽到「舉證責任」這個詞，是在高中的辯論比賽。當時流行辯論政策性題目，正方隊伍支持某個改變現狀的方案（如廢除死刑），反方則多半想維持現狀，或推翻正方的方案，以自有的方案改變現狀。辯論比賽的評分標準，在於隊伍能不能提供好理由來支持自己的立場。在辯論賽中，如果反方堅持維持現狀，首要的舉證責任應該落在正方身上，也就是說，如果正方沒辦法說服評審相信「應該改變現狀」，那麼，不管反方表現如何，正方都會直接輸掉。

舉證責任有趣的地方在於，它不但能處理未來的決策，也可以考證過去。例如：

地震過後匆忙回家，發現花瓶倒了。

阿黎：這花瓶重心本來就不太穩，應該是地震震倒的。

阿撿：不，應該是小偷跑進來卻遇到地震，匆忙逃竄時把花瓶撞倒的。

在這則討論中，如果有人需要提出進一步的證據，應該是阿撿吧。為什麼？因為阿黎的說法受到地震（現有的證據）支持，並且已經可以完整說明花瓶倒地（現場狀況）的原因，因此，除非剛剛確實沒有發生地震，否則沒有理由再添加其他假設。所以，進一步的舉證責任就落在阿撿身上，除非他發現門鎖有被撬開的痕跡或門口有可疑腳印等新證據，不然我們暫時不會考慮他的說法。

從各種關於事實的爭論，可以歸納出一般分配舉證責任的方向：對於解釋世界道理的說法，有一個很明顯的喜好——簡單勝過複雜。如果現有的說法已經可以說明眼前的事實，就沒必要畫蛇添足。

在哲學上，我們把這個篩選理論的策略叫做奧坎剃刀原則（Occam's razor），出自於十四世紀的哲學家奧坎。用哲學術語來講：奧坎剃刀叫我們在解釋事實時，「剃掉」多餘設定，讓我們在建立理論時，預設會存在的東西（哲學行話稱之為這個理論的「本體論（Ontology）」）少到不能再少。比較下面兩個理論，你會很容易理解：

手指理論：這本書現在在第30頁，因為我剛剛用手指把它翻到這一頁。

仙子理論：這本書現在在第30頁，因為除了我用手指施力之外，還有看不見的仙子助我一臂之力。

這兩個理論解釋事實的能力一樣好，它們都可以說明，為什麼這本書現在翻到某一頁。然而，如果你選擇相信仙子理論，除了要預設受你控制的手指頭存在，你還必須預設隱形的小仙子也存在，這樣一來，你的理論需要的本體論就變大了。

奧坎剃刀不僅可以用來處理翻書這種小事，也可以用來處理「世界從何而來」這種大事。這就是為什麼，相信有神或超自然力量創造世界的智慧創造論者，老是不停在找演化論的麻煩——要是演化論可以完美說明這世上千奇百怪的萬物之所以存在的原因，就不需要預設「上帝的存在」來解釋這件事，能用來支持上帝存在的證據，也就少了一項。

奧坎剃刀是一種思考的原則，背後最顯而易見的直覺很簡單，其實就是「少做少錯」。就算對於真實世界握有太少資訊，不足以斷言面前說法的真假，我們至少也可以同意，促成事物存在的條件宣稱越多，為假的機會越大，例如：

A. 離地球三千萬光年遠的庫巴拉哇哇星上有生物。

B. 離地球三千萬光年遠的庫巴拉哇哇星上有甲殼類動物。

A只斷言庫巴拉哇哇星上面有生物，B不但說那上面有生物，還指定是甲殼類。因此，B對這個世界的描述比A更多，因此也更容易錯。同樣的道理，如果我的手指頭足以翻書、演化論足以解釋萬物，那麼也沒有必要冒犯錯的風險，為了解釋這些東西，把小仙子和上帝放進我們的本體論裡。

前一陣子有人發現，英國曼徹斯特博物館裡的古埃及雕像，會看似自發地緩緩轉動，引起討論。許多「鐵齒科學人」絞盡腦汁想從震動頻率、轉動角度等性質與附近環境的關係，找出可用自然原則解釋的說明，不願意訴諸神蹟或法老的詛咒。你在了解奧坎剃刀原則和本體論的想法後，應該更能理解這些人在堅持些什麼了。

真理

據說哲學系在詢問新生入學動機時，最常出現的前兩名答案，分別是「我想知道生命的真理」和「我想認識宇宙的真理」。

就我自己而言，倒寧可把這些話聽成是在拍哲學系的馬屁。因為，如果他們抱著想要知道生命的真諦，或者想要洞察人生而進入哲學系，我擔心他們會失望。老實說，這類東西不要說是哲學系了，不管在哪裡，你大概都無法期望自己能得到滿意的答案。

這類「生命的真理」在不同地方有不同的表述，不過許多人相信，它的存在是一切事物的解答，一旦認識了或者體會到生命的真理，就有如醍醐灌頂、當頭棒喝一般，頓時能對於人生的目標、自然的現象全然了悟。比較世俗的講法會稱為找到真理，比較文謅謅的人可能會說，進入這種境界的人就是「知天命」。

我完全可以理解為什麼很多人期盼真理存在，不過基於奧坎剃刀原則，我自己則抱持著懷疑。就算真理存在，我也不認為現實中宣稱可以幫助我們捕捉真理的那些方法值得相信。

想想看，如果那種可靠方法真的存在，顯然不可能透過清楚、穩定的語言、文字表達或傳授，不然所有人早就都知道了。事實上，根本沒人知道如果掌握了這種真理，我們會變成什麼樣子。舉例來說，一個人就算不會游泳，他也會知道，如果掌握了游泳技能便能完成什麼事情；一個人就算不懂股票分析，他也會知道，如果掌握了股票分析的知識，可以用來做些什麼。可是，沒有人可以告訴我們，如果人掌握了真理，這個人會怎樣。

得到真理的方法，不可能以語言傳授；得到真理的人，也沒有辦法用語言告訴我們內容，更無法藉真理展現什麼技能，證明自己確實「得道」。在這種情況下，我們根本沒有機會得到有關真理的蛛絲馬跡，無從區分這些人究竟是先知還是神棍。

民間的真理如此神祕難解，自然不會成為哲學家研究的目標，因為哲學家就跟其他所有科學研究者一樣，謹守分界，處理自己「有辦法處理」的問題，研究那種「好歹有理由相信它存在」的東西。

因此，如果某個哲學家說他的研究領域是真理（Truth）或真理理論（Theories of truth），意思不是說自己研究的是能讓你安身立命的哲理；他是在說，自己在處理那些「為真的句子」可能共有的問題：

A. 西元兩千年初期，台灣網友間盛傳，馬英九總統的手有劇毒，跟他握手會死。

B. 三角形的內角和是一百八十度。

對於哲學家來說，上述句子都是真理，因為它們都「為真」。這大概會讓一些人對哲學的憧憬幻滅，不過你們遲早得接受這個事實——哲學家的研究通常沒有一般人想的那麼深奧；此外，如果有人氣得大喊：「那些東西哪算是真理？如果那些東西是真理，你們乾脆做個相對的設定，把所有假的句子叫做『假理』好了！」確實有哲學家這樣做，對他們來說，真理或假理只是為了詞語的使用方便，用來指出哪些句子是真，哪些為假。

但，真理有什麼好研究？

首先，哲學家好奇的方向是，到底是什麼東西讓一個句子「為真」？句子不會平白無故為真，一定必需要符合某些條件才可能為真，但這些條件是什麼？舉例而言，「西元兩千年初期，台灣網友間盛傳，馬英九總統的手有劇毒，跟他握手會死。」這個句子憑什麼是真的？

當然，我們不知道總統之握是否具有穩定致人於死的效果，但這個句子描述的重點，在於這則流言被流傳，而非總統的手有劇毒。就此看來，這個句子之所以為真的理由便相當明確：它與事實相符——它宣稱台灣網友在某段時間流傳某個說法，而這件事情確實發生。

這種「一個句子為真，是因為與事實相符」的說法，在哲學討論上被稱做「符應論」（Correspondence theory）。符應論可以處理句子為真或為假的問題，但有時會遇到麻煩，例如，如果句子必須與事實相符才為真，那「三角形內角和是一百八十度」跟哪個事實相符？當然，你可以畫很多三角形，然後一個一個量，然而數學老師會告訴你，這個幾何公式所描述的，是抽象的完美幾何圖形，不能用真實世界裡那些難免偏差的圖形來認定。顯然在這種情況下，我們還是無法確定「三角形內角和是一百八十度」所符應的到底是哪來的事實。

長久以來，哲學界對於「真理的來源」有非常龐雜的爭論，相關的競爭理論也族繁不及備載。但這些還只是有關真理哲學研究中的一條進路而已，而另一進路是關於真理在邏輯上的特性——某些悖論之所以存在，似乎反映出，我們日常使用的真理系統，內含了矛盾。（見第201頁〈這個句子不是真的〉）

第一章

哲學的基本概念

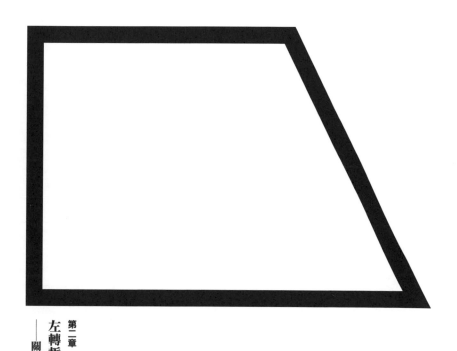

第二章

左轉哲學問題，右轉美麗的誤會

——關於矛盾、悖論與歧義

矛盾有什麼大不了？

國王：我們要成為注重整潔和自主性的國家。

國王：基於整潔，我規定每個人都要理頭髮。原則上，如果沒有自己理，就要去給國內的理髮師理。

國內唯一的理髮師：哦哦！

國王：但是，為了尊重自主性，如果哪個人民決定要自己理，理髮師就不可以幫他理。

國內唯一的理髮師：嗯嗯！

國王：如有違背，斬首。

國內唯一的理髮師：啥咪!?

事實上，國內唯一的理髮師當晚就公告退休，好在他同時也是邏輯學教授，不至於沒飯吃，只是這國家沒有別的邏輯教授，所以理髮師辭職的原因也深埋當事人心中，沒有其他人知道。直到英國哲學家、數學家和邏輯學家羅素（Bertrand Russell）詳細解析了「理髮師悖論」——根據國王的規定，這兩件事情都會讓你丟腦袋：

A. 你不自己理頭髮，但是也不給國內的理髮師理。

B. 你是國內的理髮師，某個國民決定自己理，但是結果你卻幫他理。

現在想這個問題：如果你是國內唯一的理髮師，你的頭髮該如何處理？

你是理髮師，是專業人士，所以你可能會決定要自己理，但根據B，理髮師不能幫「決定要自己理頭髮」的人理髮；然而，如果你不自己理頭髮，根據A，你就只能選擇被國內唯一的理髮師（也就是你自己）理頭髮，於是，問題又回到了原點。身為國內唯一的理髮師，你遲早會因為無法遵從國王的規定而被砍頭，所以只好提早退休，卸下理髮師的職務。

當然，我們都不是故事裡的理髮師，才能坐在這裡慢條斯理地討論，因為對那個衰鬼來說，這可是生死攸關的問題。在旁觀者眼裡，那個問題根本就不是問題。很簡單，理髮師不可能達成國王的要求嘛，所以最佳選擇就是辭職，不然還能怎樣？

但，我們也可換另外一種方式思考：國內唯一的理髮師只有在一種情況之下才能滿足國王的要求——做出「矛盾」的事情：

國王：怎麼樣？大家都很守規矩嗎？

國內唯一的理髮師：是的，大家都有理頭髮，有些自己理，有些給我理。沒有人既自己理頭髮，又給我理。

國王：讚！你髮型不錯，誰理的？

國內唯一的理髮師：我讓理髮師理。

國王：理髮師只有你一個啊，所以你是自己理嗎？

國內唯一的理髮師：沒有，既然我決定自己理，那麼我身為理髮師，當然不可以幫我理。

國王：非常好！

仔細想想理髮師的說法，你看得懂他到底是如何理頭髮的嗎？如果你無法理解，那恭喜了，你又幫自己理頭髮，又不幫自己理頭髮，這狀況就是哲學家說的矛盾（Contradiction）。在這種描述之下你沒有辦法得知，理髮師到底是如何理頭髮，大多數的哲學家也不知道，因為他們普遍相信，矛盾的事物不可能存在，例如：

A. 同時是正方體又是圓球的東西。

B. 總共是三隻腳，但又有四隻腳的動物。

C. 只幫所有不替自己理髮的人理頭髮，除此之外，不幫任何人理頭髮的理髮師。

有一些人可能會耍智巧，例如拿出下方這個東西：「你看看，這個不就同時是正方又是圓嗎？從側面看是正方，從上面看是圓！」

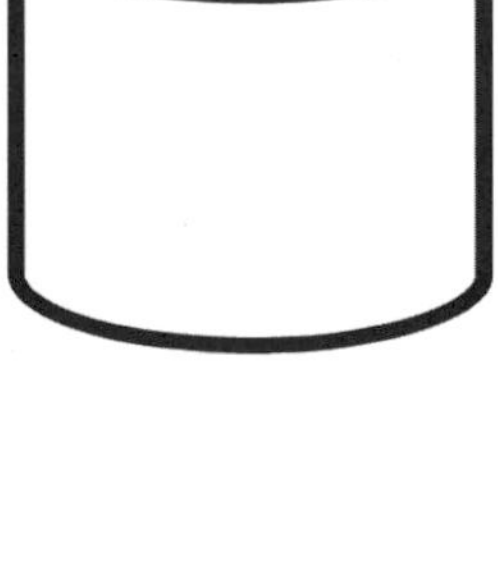

又或許拿出左邊這個東西：「你看看，這就是有三隻腳，但同時又有四隻腳的動物啊！」

事實上，這些說法都不嚴謹、有漏洞。

圓柱體雖然隨著觀察角度改變，可以一下子正方形、一下子圓形，但這不可能在正常人的認知功能裡「同時」達成；再說，題目要求的是正方體和圓球，不是正方形和圓形。而那個奇異有趣的方塊水母更彰顯一件事：不可能有動物是同時有三隻腳，又有四隻腳，因為這種聰明的線條錯覺，只能以平面呈現，不相信的話，你可以試著把它做成立體模型看看，不會成功的。

我們偶爾會聽到一些說法，暗示矛盾似乎存在，除了上面關於正方和圓的例子之外，還有：

花妹：好矛盾喔，我覺得大毛是個不錯的對象，可是他好宅，我不喜歡。

這種說法談的矛盾，其實不是哲學家講的矛盾。哲學家當然可以允許你「既喜歡一個人，但是又討厭他」，因為情感可以被多重的理由影響。對於某人，你因為一些理由喜歡他，但同時又因為另外一些理由討厭他，一點也不奇怪，也不算是嚴格意義上的矛盾。在這類喜歡、不喜歡的例子裡，哲學家的矛盾應該是下面這種狀況：

花妹：好矛盾喔，我喜歡他宅，又不喜歡他宅！

一哥：什麼？妳是說，妳因為一些理由喜歡他宅，因為其他理由喜歡他不宅？例如說，因為他宅在家可以陪妳所以喜歡他宅，因為他一直看動畫所以不喜歡他宅，妳是這個意思嗎？

花妹：不不不，我不是基於不同的理由喜歡和討厭，我就是純粹喜歡他宅，又討厭他宅。

一哥：？？？

在你還是個情場浪子的時候，可能曾經以為自己陷入這種矛盾，但其實那只是因為情感實在太複雜，讓人無法釐清喜歡和討厭背後，原來各有微妙的理由。上述例子中，「既喜歡一個人的某一特質，但又討厭此人這個特質，而且並非基於不同理由」的情感，才是真正矛盾。這種矛盾狀況才讓人無法理解。

在嚴格的哲學意義上，矛盾的事物不可能存在，事物不可能處於矛盾的狀態。因此，關於矛盾的討論，對我們來說最有價值的結論就是：**如果你的說法矛盾，那一定是哪裡錯了**。哲學家常用的一些論證技巧（例如某些歸謬法），就非常倚賴矛盾的概念。

如果你不幸成為邏輯學家（幸運的是，這在台灣的可能性很小，就目前為止，一個人變成邏輯學家的機率大概是0.0001%），矛盾對你來說，就會有另外一個更深切的意義；在古典邏輯（Classical logic）和大多數邏輯系統底下，以矛盾為前提，可以證明出任何你想要的結論，不過這又是另外一個故事了。

觀賞烏龜悖論的正確態度

「好吧好吧，窩就讓你一點好了，卡哇幫嘎！」阿基里斯搔搔頭，往後退了兩大步。

西元前四世紀，伊利亞人齊諾（Zeno of Elea）為了相挺祖師的哲學理論，編撰了英雄和烏龜賽跑的故事。這個齊備了噱頭、懸疑和幽默的故事，本來應該成為兩千四百年來，除了耶穌復活之外最偉大的宣傳，卻因為渲染力太強而喧賓奪主，導致雖然大家都知道阿基里斯曾經和烏龜賽跑過，卻不曉得他們到底在跑什麼意思。

齊諾的老師巴門尼德斯（Parmenides），主張一種現在看來很怪異的形上學：萬物其實是固定不變的，所有的運動和變化都是感官帶來的幻覺。為了這個主張，齊諾想出四個論證，「烏龜悖論」是其中之一：

阿基里斯讓了烏龜兩步之後，比賽開始。雖然阿基里斯跑得比較快，但是因為輸在起跑點上，所以一開始就落後，如果阿基里斯想要贏得比賽，就一定得追過烏龜才行。

讓我們假設阿基里斯原來的位置是P_0、烏龜則在比較前面，為P_1。在時間點T_0時，一人一龜開始跑。

T_1時，阿基里斯跑到了P_1，可是，因為從P_0到P_1所花費的時間（T_1減T_0後得到的值），烏龜也已經趁機跑到P_1前面的P_2，繼續領先。當阿基里斯在T_2踏上P_2時，烏龜則已經到達更前面一點的P_3……以此類推，每當阿基里斯到達P_n時，因為從P_{n-1}到達P_n所花掉的時間，也讓烏龜同時到達P_n前面的P_{n+1}，雖然阿基里斯和烏龜之間的距離會越來越小，但是他永遠追不上烏龜。

這個論證實在太好懂又怪異，其散播力遠比齊諾的名言「萬物是不動的一」來得快又廣。當齊諾的理論因為太模糊、難解，從高中課本裡被刪掉的時候，烏龜悖論已經在酒吧、沙龍和研討會上橫行無阻好幾千年了。

沒有人認為烏龜悖論有說服力，也沒有人真的因為它而相信了「事物不動」。但，烏龜悖論卻是哲學家難解的謎題：它到底哪裡有問題？為什麼可以透過「沒問題」的前提、「沒問題」的推論獲得完全違反常識的結果？

我不打算在這裡討論烏龜悖論哪裡有問題，但，我想用它當例子，討論面對悖論該有的正確態度。

不是所有人都覺得悖論值得討論。那些主張我們不應該把時間浪費在烏龜悖論身上的人，可能會提出兩種說法——

他們可能會說，實際上阿基里斯一定追得上烏龜，但烏龜悖論本身也沒錯，因為邏輯跟事實本來就不見得會相同。這種反應不怎麼上道，因為這是對邏輯的誤解。邏輯不是邏輯學家發明的一套思考方式，而是他們用來捕捉「日常生活中的推理」的規則。對他們來說，一套最理想的邏輯，計算結果得要跟我們的直覺、常識毫無違背才行。

邏輯學家遇到悖論的時候，他們想的是：「這個悖論到底哪裡有問題？是某處有我沒發現的歧義嗎？還是某處偷偷使用了跟事實不合的規則？」當邏輯與真實不切合，表示邏輯學家還有任務要做，可不是代表「唔，這很正常，邏輯是邏輯、真實是真實」。

進一步來說，這種將邏輯和事實切割的觀點，也可能造成不良後果。它會鼓勵我們忽視邏輯問題，這種想法，對於修改出「更符合事實」的邏輯沒有幫助，也會讓你錯過解決問題的機會。

另一類人，覺得思考烏龜悖論的邏輯結構白費力氣，是因為他們認為，只要把阿基里斯和烏龜的距離、速度設好，仔細算一算，問題就解決了（「看吧，起跑五秒後，阿基里斯就會在四十二公尺處超過烏龜！」）。換句話說，他們眼裡，烏龜悖論只是純粹的數學題，不需要任何進一步的探討。

這一類的反應，問題在於搞錯題目。烏龜悖論並不是要探討「阿基里斯追不追得上烏龜？」，而是「照齊諾提供的方法推論，會得出阿基里斯追不上烏龜的結果，為什麼會這樣？」要破解這個謎題，你必須指出齊諾的推論哪裡有問題，以致於會導出那個奇怪的結果。用數學算出阿基里斯會追上烏龜，對解決悖論沒有幫助，你只是把每個人都知道的結論重新證明一次而已。

不只是烏龜悖論，許多哲學上的難題和悖論，都曾經輕易地被斥為沒有討論價值的謬論。但是，這種「輕視並迴避」的做法在智識建構上不太健康，因為每個難題和悖論，都顯示出我們習以為常的知識中，可見的矛盾或衝突，如果放著不管，你就錯過了了解自己的問題到底出在哪的機會。

真正男子漢的歧義問題

白馬王子：其實我騎的不是馬。

公主：什麼？

白馬王子：妳看，如果國王想要馬，妳牽一匹黑馬去，就可以滿足他的要求，對吧？

公主：嗯嗯。

白馬王子：所以說，黑馬是馬。

公主：喔喔。

白馬王子：但是，如果國王要的是黑馬，妳牽白馬去，他一定不會高興。

白馬王子：所以說，黑馬是馬，但是白馬不是黑馬，所以白馬不是馬。

公主：我去洗澡。XD

公孫龍的「白馬論」可以分析出好幾個論證，但其中的狡猾之處其實大同小異。拿這個例子來看，我們可以把公孫龍的說法攤開成這樣：

白馬非馬論證

1. 黑馬是馬。
2. 白馬不是黑馬。
3. 所以白馬不是馬。

這個論證的結論連笨蛋都看得出來有問題，但是要說清楚問題出在哪裡並不容易。有一些人說這是詭辯或悖論，有人則認為根本不需要花時間討論這種詭辯：反正我們已經知道這些結論一定是錯的啊，幹嘛花時間分析這些明知道是錯誤的東西？這種態度很務實，但會讓你錯失認識你自己的良好機會。

詭辯有點像程式沒寫好，一跑到某處就陷入迴圈。你知道應該有bug，但不確定在哪裡。可是，如果你不花時間分析、除錯，bug就會一直在，程式每回跑到那邊就會卡住。但是詭辯有個比程式bug更糟糕的地方：程式bug可能是個案，但未解的詭辯，代表的是某種「推論類型」上的普遍謬誤。如果你換個寫法，或許可以做出具有同樣功能，但bug比較少的程式；但要是你搞不清楚某個詭辯背後的原理，下次遇到類似結構，但結論的荒謬性比較不明顯的說法時，可能就會被哄騙過去，例如：

1. 狼瘡會導致雲朵狀紅斑。
2. 疥瘡不是狼瘡。
3. 疥瘡不會導致雲朵狀紅斑。

我們到底該怎麼分析詭辯，找出背後的癥結？這裡有個方便的做法：試著造樣造句。

真男人論證

1. 我是真正的男子漢。
2. 你不是我。
3. 你不是真正的男子漢。

你應該很輕易就能看出這論證的問題：「是真正的男子漢」這個特質就跟「眉毛連在一起」、「穿木屐」、「當警察」一樣，能在同一時間被很多人使用，不會被某個人霸占。所以，就算「不好意思，我已經搶先成為真正的男子漢了喔」，也不代表你在誠心苦修之後，無法到達我這樣的境地啦。（拍肩）

「是馬」跟「是真正的男子漢」一樣，都可以在同一個時間裡，被不同的對象擁有，所以就算白馬不是黑馬，也可以和黑馬一樣是匹馬。

白馬非馬的奧妙之處，在於三個句子都用「是」這個字，來表示某種關係，儘管如此，這些關係卻不完全一樣。「黑馬是馬」和「白馬不是馬」裡面的「是」，代表「擁有某性質」；但「白馬不是黑馬」中的「是」的意義，則是指「等同於某物」。（見下圖）

語句中的「是」代表

擁有某性質	黑馬是馬	我是真正的男子漢
	白馬不是馬	你不是真正的男子漢
等同於某物	白馬不是黑馬	你不是我

這些「是」外表長得一樣，但意思不同，只不過，一旦插在字句中，瑕疵就沒那麼明顯，就可以讓論證蒙混過關。反過來說，只要我們隨時記得注意這些長得一樣，但意思不一樣的歧義字眼，就比較不容易被這類論證欺騙。

歧義有另一個麻煩的地方值得注意，就是會讓膚淺的誤會，看起來像真正的哲學問題一樣深奧：

愛麗絲：帽子和茶杯都真實存在，但是，我們看不到也摸不到時間，時間怎麼會是真實存在的？

帽子商人：時間當然真實存在。如果待會茶會遲到，妳麻煩就大了！

看了這段對話，對哲學思考有興趣的人可能已經上勾，摩拳擦掌準備要討論時間的本質。但是，先冷靜一下，如果只是想合理解決愛麗絲和帽子商人的爭論，根本不需要涉入深奧的時間哲學。隨時在日常討論中注意歧義字眼的人，很快會發現，愛麗絲和帽子商人都知道自己在講什麼，但他們顯然是以不同的方式，各自使用「真實存在」這個詞。

愛麗絲的真實存在可能是指「可以看到和摸到」；帽子商人的真實存在，可能是指「可以用來作為日常決策的根據」。有很多東西可以當作日常決策的依據，但是看不到也摸不到，例如數學原則。在這種情況之下，愛麗絲和帽子商人只是因為歧義而有誤會，不是真的立場不同，一旦指出歧義，那個看起來很深奧的時間爭議，就消失了。

有些人可能會覺得很可惜：本來要好好討論時間的哲學問題，結果竟然因為指出歧義的小把戲就不能討論下去！其實沒有什麼好惋惜的，雖然關於時間的哲學問題的確值得討論，但是並不是所有看似有關時間的爭論，都能順利發展成哲學層次的討論。如果問題源自歧義，在沒有消除歧義的情況下硬要討論，很可能會陷入雞同鴨講、難以進展的困境。在這個例子裡，釐清歧義並沒有解決困難的哲學問題，只是化解了簡單的誤會。

小木偶悖論

小木偶：我的鼻子要變長了！

小木偶的悲劇大家耳熟能詳，他的麻煩來自仙女姊姊的咒語：如果小木偶說謊，鼻子就會變長；如果說實話，鼻子就會恢復原狀。這個規則看起來再簡單不過，但是，如果小木偶說出了開頭那句話，接下來，會發生什麼事？你可以先想一想，再往下看。

對小木偶來說，在所有可能的狀況中，最平靜的，就是鼻子一點動靜也沒有。然而，或許有人覺得這不該是鼻子的實際反應，他們也許認為：

變長！

想想看嘛，如果你是小木偶的鼻子，聽到小木偶說：「我的鼻子要變長了！」你該怎麼辦？你一定會覺得很奇怪啊，又沒發生什麼事，幹嘛說我會變長？明顯是假話嘛！偵測到假話，於是變長了！

然而，這樣就沒事了嗎？聰明的你一定會想到，有另一派的想法會接著說：

縮短！

不不不，故事還沒結束！想想看，你變長之後發生什麼事？你發現：小木偶剛剛說的話成真了！偵測到真話，於是你又縮短，恢復原狀！

走到這一步，你大概已經發現這故事沒完沒了，因為：

再變長！

恢復原狀之後，你馬上發現「我的鼻子要變長了！」再度變成假話，於是又一次變長……

除非想把小木偶當成情趣用品，否則，顯然這裡有個問題必須解決。

我們面臨的問題是，這種故事設定，讓小木偶鼻子的動態在特定情況下陷入無限迴圈。無限迴圈不見得代表異常。某些故事甚至會故意引人落入無限的思考迴圈，例如薛西弗斯搬石頭或吳剛砍桂樹的故事。然而，小木偶的故事應該不是此種狀況——這個迴圈來自概念的混淆。如果你主張「伸縮論」，認為在小木偶說了「我的鼻子要變長了！」之後，鼻子會不斷地伸長、縮短，這不是因為小木偶的故事設定本來就是這樣，而是你錯過某個思考問題的關鍵。

讓我們回頭考慮鼻子變化的規則：

當小木偶說謊，鼻子變長。

當小木偶說實話，鼻子恢復原狀。

支持伸縮論的人會說：沒錯呀，當小木偶剛說完「我的鼻子要變長了！」這句話是假的，所以鼻子變長；當鼻子變長之後，這句話又變成真的，於是鼻子恢復原狀，一切都符合規則啊！

真的嗎？

我們可以確定，當小木偶剛說完「我的鼻子要變長了！」的時候，這句話是假話，但是，假話就等於是謊話嗎？當小木偶的鼻子變長，確實使得那句話成真了，但，真話，就等於實話嗎？

要了解謊話／假話、實話／真話之間的關係，讓我們先推敲下面這兩個故事：

淘氣的仙女

仙女姊姊閒來無事，決定捉弄小木偶。她找來小木偶，故作嚴肅騙他說：「小木偶啊，我剛剛發現之前施下的咒語有瑕疵。這個瑕疵會在明天中午十二點，讓你的鼻子變長，就算你沒說謊也一樣哦！」小木偶聽了非常緊張，因為鼻子變長那種感覺很噁心。

到了隔天接近中午，小木偶目不轉睛盯著錶，看著時間一分一秒過去，倒數五秒時，小木偶終於按耐不住驚叫：

「我的鼻子要變長了！」

老爸的危機

小木偶和木匠老爸在高台上工作。由於高台很狹窄，周圍的護欄不高，老爸擔心如果小木偶的鼻子忽然伸長，自己會被頂下去，所以不斷叮嚀小木偶別說謊。但是，小木偶覺得工作有夠無聊，心想來嚇嚇老爸好了，於是拍拍老爸的肩膀，開口說：「我的鼻子要變長了！」

問題：這兩個故事裡面，小木偶分別講的是實話還是謊話？真話還是假話？

稍微判斷一下，你會發現：在〈淘氣的仙女〉裡，小木偶說的是假話，但他並非在說謊，他很真誠相信自己的鼻子要變長了，所以才不知所措驚叫出來；然而，〈老爸的危機〉裡狀況剛好相反，小木偶為了跟老爸惡作劇而說謊，但這謊話最後成真。（可憐的老爸！）

這兩個亂掰的故事之所以重要，因為它們剛好證明：一個人可以「說出實話，但內容卻剛好為假」；也可以「刻意說謊，但內容卻剛好為真」。換句話說，實話不見得是真話；謊話也不見得是假話。

為什麼會這樣？考察小木偶在兩個情況裡的條件，你會發現，我們用來判定他是否說謊的線索，並不是他說的話是不是真的，而是他自己是否真心相信自己講的話。

了解了這件事，此篇文章開頭的那個問題就很好解決了。在說出「我的鼻子要變長了！」之後，小木偶的鼻子會如何變化？最正確答案應該是：「不知道！」要知道鼻子會如何反應，我們必須知道小木偶是否在說謊。然而，要判斷小木偶是否說謊，光是知道他說的話是否為真並不足夠，我們還必須知道，小木偶是否真心相信他說的話才行。

所以，你不用再擔心小木偶的鼻子會伸縮不定了。一旦給定這句話的前後脈絡，結果就會非常明確：在〈淘氣的仙女〉裡，小木偶的鼻子不會有動靜；在〈老爸的危機〉裡，鼻子會變長，成為老爸的危機。

自我矛盾的預言

星老師：我去年算出阿尼於九月有一大劫。多方推算後，我預知他該月將接受總統頒獎。經我授與化解之法後，阿尼改為向總統拱手致意，保住小命。

主持人：老師您是說，您當初預言阿尼會在九月掛掉，但他現在還活著？

星老師：是的，由此可見……

主持人：可見你根本預測錯了不是嗎？

如果我們能夠預測未來，知道什麼人會在什麼時候、什麼地方犯罪，而且這些預測超準，我們會做什麼事？或許會像電影《關鍵報告》那樣，組成一個犯罪防治小組，在犯罪發生之前加以阻止，即便必須限制那些準罪犯的自由一段時間也無所謂。想像我們實行了這樣的政策一段時間，犯罪率還真的下降了，而且下降的幅度和我們找到的準罪犯數量成比例，足以顯示我們沒有冤枉多少人。

這時候，如果有人依然對於這樣的政策感到不滿，他可以怎麼說？他也許會這樣說：

當我們預測並阻止犯罪時，我們到底在幹嘛？可以肯定的是，我們首先做了一個預測，比如說，受害者旺逼將會在下星期五被大熊殺掉。然後，我們派出幹員，阻止大熊。接著，廢話！大熊當然就沒機會殺旺逼。但是如果大熊沒有殺旺逼，先前的預測不就是錯誤的嗎？

看看你們的預測檔案嘛！（往桌上摔）阿奇有依照預測被殺嗎？沒有！巴基有如同預測一樣，絆到西瓜摔死嗎？沒有！如果預測真的準，約翰最後為什麼沒延畢!?我們怎麼能允許一個總是依賴錯誤預測來行動的系統，繼續運作下去？

這個說法，和文章開頭主持人對星老師的質疑一樣，表達了一個存在於預測和干預間的悖論——

預測干預悖論：如果我們基於預測成功干預了世界，那麼預測的結果根本就不會發生，原本的預測不就失敗了？換句話說，所有那些真的幫得上忙的預測都是失敗的，它們所斷言的那些未來，都沒有發生。

「預測干預悖論」奇怪的地方就是指出「只有錯誤的預測才有實用價值」，換句話說，一個具備實用價值的預測，在它發揮作用的同時，也會變成錯的。怎麼會這樣？在你往下讀之前，可以先花兩分鐘想想，試試看能不能識破這個語言把戲。

解消預測悖論的關鍵，在於我們要意識到一件事：具有實用價值、協助人類干預未來的那個預測，跟人類對世界成功干預後，所推翻的那個預測，不是同一個。

舉例而言，星老師協助阿尼化解災厄之後，阿尼活了下來，這讓「阿尼會死於二〇一二年」的預言變成假的；然而，星老師能保住阿尼的小命，並不純粹依靠「阿尼會死於二〇一二年」這個預言——要拯救某人的性命，光知道他什麼時候會死掉，是沒什麼用的，起碼還得知道，他到時候會因為什麼原因死掉才行。因此，阿尼的苟活，是基於星老師當初掌握了「二〇一二年九月，阿尼會因為跟總統握手，中毒身亡」這件事。當然，你會說，既然阿尼現在還活著，那麼這個預言也是假的。沒錯，不過，在這種情況下，下面這個版本的預言依然是真的：

條件式預言：如果星老師不介入，二〇一二年九月，阿尼會因為跟總統握手中毒身亡。

說這是一個條件式的預言，是因為它本身就是標準的條件句，宣稱如果前面那件事發生，後面這件事就會發生：

前件	後件
星老師不介入。	二〇一二年九月，阿尼因為跟總統握手中毒身亡。

這個條件句並不誇張，它的結構跟我們日常生活中，很多直覺認同的說法很像。像是，如果你正站在書店翻閱這本書，你會同意：

書店預言：如果我不繼續使力用手拿好這本書，那麼書會掉到地上。

書店預言和條件式預言的格式一模一樣。當然，條件式預言所談論的事情，比你手上的書接下來會不會掉到地上複雜許多，但我們要討論的，不是《關鍵報告》到底是依賴哪種技術製造有助於減少犯罪的預言，而是當那些預言被製造出來，並付諸實行後，該怎麼消解隨之而來的預測干預悖論：關鍵很簡單，把所有預言都看成條件句就可以了。

在這情況下，預言跟科學預測變成相同形式，可以藉實驗確立或推翻：如果前面那件事發生，後面這件事卻沒有跟著實現，預言就是假的。

現在，如果你躍躍欲試，想實驗一下書店預言，請先把書拿去結帳。

宿命論 v.s. 決定論

伊俄卡斯塔：我是你老媽。

伊底帕斯：囧！

希臘神話裡，伊底帕斯的國王老爸年輕時做錯事被詛咒，神諭說這傢伙會被自己的小孩殺掉。因此，當皇后生下伊底帕斯，他老爸非常擔心，找來獵人把嬰孩帶到森林裡殺掉。結果獵人不忍心，就偷偷……唉唷，反正歷經種種轉折和非常扯的巧合之後，伊底帕斯還是長大成人，殺了爸爸、娶了媽媽。

伊底帕斯的故事，除了成為戀母情結的代言之外，也是宿命論（Fatalism）的經典案例。在劇情中，殺父娶母的神諭不但實現了，而且還是以非常曲折、糾結的情況完成，這似乎暗示：不只當初委託獵人的方案沒用，事實上，不管國王嘗試用什麼手段避免後果，它們全都不會成功。這種「任何努力都無法改變結局」的想法，就是宿命論的基本精神。

宿命論：世界上某些事件一定會發生，不管這些事件的當事人如何作為，都無法避免。

宿命論非常強調生命中某些事情早已註定，這種想法不只西方有，東方文化的「因果報應觀」

也具備類似元素。但是，雖然宿命論包含很重的「已決定」（註定）意味，但它和所謂的決定論（Determinism）卻是完全不一樣的東西。

決定論：世界在每個時間點上呈現的狀態，都被自然定律（Natural laws），以及上一個時間點裡世界的狀態所決定。

這兩種理論有兩個差別。首先，決定論涵蓋世界上的所有事物，但宿命論不是。在宿命論的世界裡，所有事情不見得都必須被決定，某些事件可以有彈性空間。例如，讓我們想像伊底帕斯的故事裡，獵人的情節不見得要出現，希臘天神可以允許國王用各種方法，去試圖除掉伊底帕斯，反正最後結局都一樣；宿命論這種「不管當事人怎麼做，都不影響既有規劃」的特色，是它和決定論的另一個不同差別。（見65頁圖）

在決定論的世界裡，我們應該同意：假如當初選擇不同的作為，那結果也會不一樣。因為，根據決定論，「世界現有的狀態」是由世界的前一個狀態，與自然定律來決定，如果世界的前一個狀態不一樣，後一個當然也可能一起改變。

了解這些差異之後，你可能會覺得，決定論這想法普通得很，一點也不神祕。事實上，決定論最忠誠的擁護者，常常也是相信「自然定律終能夠解釋世界萬物」的科學家。他們當中最前衛的那群，甚至會主張說，一旦掌握了所有自然定律，我們就可以用它們和世界現在的狀態，對未來做百分百準確的預測。當然，你可以想見，有一些科學家不相信決定論，因為基於量子力學，他們認為這個世界的運作具有隨機特徵，無法全盤由定律描述。

自然定律的適用範圍是整個世界，所以決定論必須宣稱所有事情都能被決定，但宿命論通常不這麼做。例如說，從伊底帕斯故事的設定看來，整段劇情就只有殺父娶母的結局被決定，其餘部分都有隨機替換的空間，反正不管它們如何更動，都不影響悲劇的結尾。

在決定論的世界，當你詢問某件事情發生的原因，完整的答案包含整個世界過去的狀態加上自然定律。例如說，如果你問：「為什麼雞蛋破了？」那麼正確的答案可能會包括「我把手放開」以及「萬有引力」等等；宿命論的世界則糾結得多——若你問為什麼伊底帕斯結尾如此悲傷，答案可能包括他老爸年少的錯誤、被激怒的神祇和因之而生的詛咒。你大概已經可以想像，科學家是多麼無法接受這類解釋，並理解為什麼宿命論這種世界觀，在當代科學社群不流行。

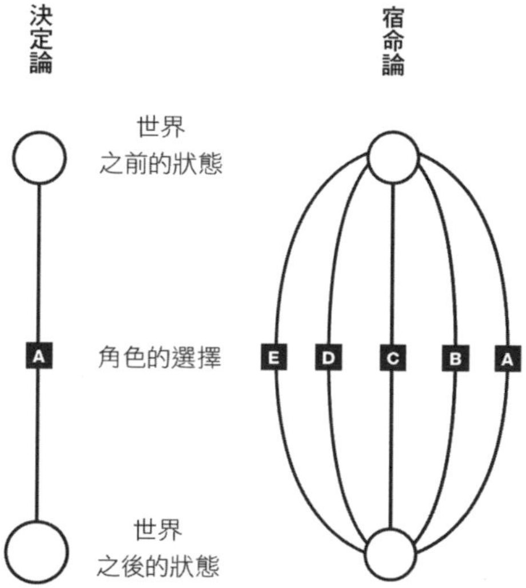

決定論 v.s. 自由意志

美秀：聽說決定論被科學家證實了！

寶春：啊哈，這下我不用賠你蛋黃酥了！

美秀：屁咧，偷吃十個賠十個，一個都不能少。

寶春：No、No、No，根據決定論，我偷吃蛋黃酥這件事，是在我出生前就決定好的，妳怎麼能叫我為無法改變的事情負責？

當然，真正的科學家會告訴你，就算不考慮「科學歸納法」的不確定性，「決定論」還是超難被證實，因為決定論所斷言的範圍實在太大，只要這個宇宙有一件事情跳脫決定範圍，這個理論就錯了。

決定論：世界在每個時間點上呈現的狀態，都被自然定律，以及上一個時間點裡世界的狀態所決定。

這也表示，若此理論為真，後果影響重大。舉例來說，你可以藉由我的手指施加於雞蛋的力、重力理論，準確預測雞蛋會在我放手之後往下掉；若決定論是真的，世界上所有事情，都可以以此類推，只要藉由過去的事實和充分的科學定律，就可以準確預測。不管這些事情多麼複雜，也不過像雞蛋掉落一樣，是事件疊加和組合的後果，就連我們在人生中的各種決策也一樣。

這說法可能令你難以想像。有時候連做選擇的當事人，都不見得能說清楚，自己所參照、考慮的這些理由之間有什麼關聯，更無法預知自己多想五分鐘之後，會不會改變心意。人的思考和抉擇如此複雜、不確定，怎麼可能被科學律則完美決定？

然而退一步想想，根據科學對人的了解，不管人的思考多麼複雜，終究是神經系統運作的結果，而神經細胞在各種條件之下的變化，則又依循生物化學的定律。要主張人的決策不是被過去和定律決定，通常只有兩個辦法：

A. 人的決策基於大腦和神經的運作，但這些運作在某程度上是隨機的。

B. 人的決策最終並非基於物理因素，而是源自於某些自然定律無法掌控的東西，例如靈魂。

A的問題在於：隨機不見得代表自由意志。「受限於自然法則」可能會讓我缺乏自由意志；然而，若我的決定是「隨機的，不受限於自然法則」，這又怎麼會讓此決定變成出於自由意志？

或許會有人說，我們思考的過程事實上並非隨機，但也無法被自然法則約束，因為它們最終都是出於超自然的「靈魂」。當這種說法出現，我們就脫離A，進入B。

然而，B的難處在於，它預設了靈魂這種超自然實體存在。若你認為，為了「自己能做決定」這件事情去承認靈魂的存在，代價實在太大，那麼就還是得回頭考慮決定論的可能性和結果。

一般人很容易接受「直覺的世界觀」：我們每一個行為、經驗，都讓自己重複體驗「我是做決定的人」的感覺。例如，我現在拿前面那個句子當作這一段的開頭，但如果我願意，也可以採取別的寫法。我們總是相信，做決定的當下，自己有很多選擇。

然而，如果決定論為真，那就表示直覺的世界觀錯了。掌握事實的，應該是決定論的世界觀——在當初，看似有很多開放選項，但我們最終會選擇的，其實永遠都只有其中特定的一個。哲學家常用一個說法來描述這種決定的境況：假設上帝在我做出決定後，又把時間倒回我做決定之前，如此無限次重複，每一次我都還是會做出一樣的「選擇」。

這種「你以為自己有很多選項，哈哈，其實選來選去只會選那一個」的結果，難免讓人焦慮：決定論會不會威脅到自由意志？例如有關腦神經科學新發現的報導，就常出現「科學家發現人類○○行為背後的神經基礎，證實該行為並非出於自由意志！」的說法。遺憾的是，在這些報導中，寫作者常輕易讓自由意志死於自己的筆下，他們似乎沒有意識到，自由意志缺席的代價：如果我的行為並非出於我的自由意志，那我幹嘛為它負責？如果每當神經科學有了新進展，人需要替自己行為負責的範圍便少一些，那麼五十年之後，我們的社會秩序會是什麼樣子？

哲學上關於自由意志的爭論，是兩種直覺的拉扯。不相容論者（Incompatibilist）認為，自由意志需要人能「在當初『確實』擁有各種開放選項」；相容論者（Compatibilist）則相信，就算決定論是真的，人還是可以有自由意志，因為自由意志的成立並不是倚賴當初的選項，而是決策時的特定心理或社會條件，例如做決定者是否神智清醒，有沒有被逼迫等等。

在學術的戰場上，不相容論必須面對「若決定論為真，該如何自處」的威脅，解釋「在隨機的狀況下，如何行使自由意志」；而相容論的最大困難，則在於提出一個恰當的自由意志判準，以及說明：為什麼我們難免有強烈感覺，認為一旦自己的行動早在過去就被決定，我們就沒有自由意志？

第二章

關於矛盾、悖論與歧義

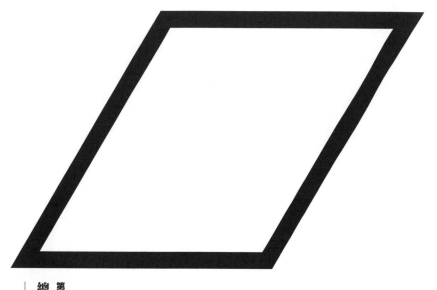

第三章

總之，人只會做對自己有利的事？

——這些問題關乎道德

物化的常識推理

在性別意識逐漸抬頭的近代，用來描寫社會複雜的性別結構、性別關係與互動的詞彙也越來越多。這些詞通常不只出現在學術著作中，也被廣泛使用在新聞報導、網路評論和討論裡。「物化」就是其中一個代表。它的出現，通常意味著有人又在用性別特徵打廣告了。例如以下這些作為，大概就會引來物化的批評：

A. 格鬥電玩發表會，找來穿少少的正妹搖乳造勢。

B. 銀行徵櫃檯人員，限長相秀氣者應徵。

C. 大學登山社招生，海報主視覺是被綑縛的女人。

藉由對公然猥褻的探討得知，這類道德譴責的癥結常源於概念的定義，一旦定義變換，就可能導致相反的結果。因此，我們得先問：物化是什麼意思？值得注意的是，這裡的物化定義並不是只要能讓A、B、C三例都成立就行，還必須要說明「為什麼物化是一件糟糕的事情」。（見第21頁〈定義「定義」〉）

對於物化，學術界當然有超多種說法。但我現在不打算引用這些說法，我想單純就平常接觸得到的常識和線索來推論，看看我們對物化的理解究竟是什麼。首先，常見的一種說法認為：

工具理論：「物化某人」就是「把他當成工具利用」。

若按照「工具理論」，確實就有理由判斷A、B、C三例都構成物化。電玩發表會和登山社把女人的身體當成宣傳工具；而銀行則打算藉行員的容貌，讓客人對服務有好印象。不過，假如這些「工具化」都是物化，那麼大部分的工作或交易，其實都涉及一定程度的物化。例如我把會維修筆電的人當成工具，而你和紅桌文化，則把寫哲學書的我當成工具。因此，工具理論的問題在於，它無法說明為什麼物化很糟糕，因為在它的判準底下，不管是請正妹搖乳，還是付錢請人修筆電，都構成物化，而一般人對於請人修筆電這件事，並沒有跟搖乳一樣的物化顧慮。或許會有人認為，這箇中差別就在於性別特徵有沒有被利用。他們可能會建議這個判準：

性特徵理論：「物化某人」就是「把他的性特徵當成工具利用」。

然而，為什麼其他特徵可以利用，性特徵就不行？為什麼利用人的美色是種罪惡，利用人修電腦的能力就不是？「性特徵理論」必須回答這個問題。

我曾經考慮過另一種「物化」的定義：

無關評價：「物化某事物」就是「促使人們用無關主題的方式，來評價它」。

「以無關主題的方式來評價」，就是指挑選無關事物目的的條件，來判斷它的好壞。例如說，這是一本哲學普及書，為了以簡單的方法討論哲學而被寫出來，但，如果你抱怨這本書「太薄又太軟，沒辦法用來打警察」，那你考量的條件，顯然跟這本書原本的存在意義無關。現在，我們回過頭去思考前面那些狀況：發表格鬥電玩時找裝扮清涼的正妹吸引目光，但這些女生漂不漂亮、穿多少，跟遊戲好不好玩似乎無關。同樣的道理，銀行櫃員的長相，跟他們能不能幫你辦好事情沒有關聯，而招生海報上被綑綁的女生，則根本就不是登山社的社員。★

無關評價有兩個好處：首先，在這個定義底下，請人修電腦和出版哲學書這些事情本身，並不構成物化；再來，它可以說明為什麼物化是件壞事：物化的宣傳轉移了注意力，引誘人們選擇無關事物本身主題的方式評價，導致他們可能做出不理性的決策。

就目前的討論，無關評價似乎可通過「定義物化」的最低門檻，但它依然不是恰當的定義方式。因為它有時不合乎我們當人們使用「物化」的習慣。在無關評價底下，被物化的主角是產品本身，不是用來推銷產品的人。但是一般來說，使用物化，通常是責備別人物化某性別、某族群，而不是物化他要賣的產品。在電玩展裡，被物化的是穿少少的Show girl，不是電動遊戲；在銀行裡，被物化的是特意挑選的漂亮行員，而不是她們提供的業務服務。還有沒有其他想法可用呢？我的朋友黃頌竹提出另一定義，或許可以解決上述問題：

刻板負擔：「物化某群人」就是指「藉由營造刻板印象，使人們在評價特定對象時，在這個對象身上增加無謂負擔」。

「增加無謂負擔」正好貼切說明了當代女性在社會上所面臨的處境。

目前，無數電視節目和廣告正在塑造一種刻板印象，讓我們覺得女人最好要具備一些特徵，包括乳溝、蠻腰、屁股到大腿的性感曲線……等等。這些特徵有什麼用呢？其實除了滿足那種以「性喜好」為主的審美觀之外，一點用也沒有。在這種情況下，若銀行在徵人廣告或其他形象塑造上呈現：「我們的女行員都長相別緻」的形象，就協助塑造了「女人最好長得好看一點」這類刻板印象，為女性增加了無謂負擔；反過來想，要是銀行廣告強調的，是行員的金融專業和解決融資問題的效率，就不會有相同問題，當然也不會被指責為物化。

「刻板負擔」也很容易解釋，為什麼使用爆乳正妹的電玩發表會會物化女性。

不過，登山社的例子就比較複雜。你很難判斷被綁住的女子，加深了什麼會造成負擔的刻板印象；但這不見得是刻板負擔作為物化定義的缺點，說不定，正好協助我們做了正確的判斷——用被繩縛的正妹強調登山繩結的重要。不像另外兩個例子會造成嚴重的刻板印象，所以沒有物化問題。

如同前面所述，工具理論、無關評價和刻板負擔都不是來自艱深的學術期刊。但我們確實可以僅藉由討論常識，分析公共議題裡的一些重要詞彙，並判斷哪些定義比較恰當，捕捉詞彙的內涵，又可以維持有道理的論證。在這節討論裡，我們面對物化，但一樣的方法也可以用來探討「歧視」、「性騷擾」、「濫情」、「理盲」，一旦搞不清楚這些字眼的概念，很容易就會讓你在討論中犯錯。

★最後這個說法是開玩笑的，因為它似乎暗示：在無關評價的判準底下，若海報上被綑綁的女生是登山社社員，那關聯就可以合理建立，因此沒有物化問題。然而，無關評價到底會如何評估登山社的海報？大家可以想想看。

聽故事的小孩不會變壞……嗎？

烏龜：兔子、兔子！

兔子：幹嘛……咦，我睡多久了？

烏龜：先別管比賽了，我要告解，櫻桃樹是我砍倒的。

兔子：原來如此……那麼，你用來砍樹的，是這把金斧頭，還是這把銀斧頭？

有些人相信故事會帶來智慧，他們在世代之間傳誦，聰明的烏鴉如何投石喝水、自滿的烏龜怎樣摔成龜甲萬。這些事情不難理解，基本上，所有的寓言故事都是那個中心寓意的舉例。當我們把「烏龜最後贏了兔子」的故事當成寓言講，我們想表達的其實是：自大、看不起對手的人容易失敗。如果你隨時把這句話放在心上，對避免失敗會有幫助。

講寓言的人不直接告訴你，寧願訴諸故事，因為具體的敘述比較容易理解，趣味的情節才有吸引力。更重要的是，在一些情況下，利用故事暗示不但是禮節，還能保命，例如：國王提議漲稅，宰相開口才講了「民間疾苦……」就被拖出去斬，然後下一個輪到你說話。

龜兔賽跑的故事不是關於行善，而是避免失敗。存心行惡的人，不會因為聽了兔子輸掉比賽的故事就悔改，反而比較可能會先檢討一下，自己的個性是否會阻礙邪惡計畫的貫徹。換句話說，龜兔賽跑的寓意在道德教育上是中立的；它對好人來說充滿智慧，對壞人也一樣好用。

然而，有些人相信故事不但能傳遞智慧，也可以培養品德，他們可能在小孩尚未識字時，就急著告訴他們關於臥冰求鯉和綵衣娛親。故事造化品德嗎？如果品德受制於個人的意志力和價值觀，故事有可能造成改變嗎？如果可能的話，這一切又是如何發生的？若你考察過一些大家普遍認為有教化功能的故事，會發現它們可以分成兩大類：

看人家多乖！

這類故事顯露他人的好德性。故事裡的角色願意做出犧牲，還不求回報。例如《二十四孝》裡大部分的故事、孫叔敖殺雙頭蛇、櫻桃戰斧華盛頓（咦？）等等。

好人有好報！

這類故事處罰壞人，讓好人進入幸運結局。例如穿長統靴的貓、孟宗竹、浦島太郎、白鶴報恩、青蛙王子。

這些故事和品德的關係，就像龜兔賽跑之於失敗智慧一樣：故事本身就是那個中心寓意的舉例。

「看人家多乖！」能讓小孩變好嗎？或許吧，我們都體會過自己目擊善行時，內心油然而生的敬佩和溫馨感受。然而值得注意的是，即使有這種說法做根據，這些故事頂多也只能強化本來就有的道德觀，沒有辦法「從無到有」把德性製造出來。想想看，為什麼當聽聞有人為了行善犧牲自己，小孩的反應是「我的天，好偉大」而不是「天啊，蠢爆了」？顯然，當這些善良的故事發揮父母想要的功效，也表示孩子心裡已經具備某些與正直共鳴的潛能。

然而，我們該相信「好人有好報！」有教化功能嗎？我相信我們很難信心十足這樣想。首先，「好人有好報！」這類故事的寓意基本上就是：好人有好報。但是，這個說法可能很難成立。這樣講好了，如果做好事的下場比做壞事好，大家應該會爭先恐後循規蹈矩，根本不用等到政府用法律脅迫吧；再來，考慮到那些故事經常預設的超自然力量、主人翁的好狗運，任何有科學常識的人，都會把它們視為幻想，或沒有統計代表性的特例。

更重要的是，如果一個人真的因為相信做好事有好報而行動，他還能算是個好人嗎？其實有點難說，對道德，我們常有一種直覺，認為「因善而行」才算是善行。康德（Immanuak Kant）把這個想法發展到極端，主張善行的動機應該是純粹的善，不能摻雜任何其他東西，例如對名聲的期待。有些哲學家反對康德，他們質疑心理上是否真的可能有「純粹的善」這種動機。然而，就算不像康德那麼極端，我們也至少同意，行為的結果和動機應該分開來看：當一個人純粹是為了自己的利益（動機）做決定，那麼，就算這個決定同時對公眾帶來好處（結果），我們也不太情願說他是在行善。

在台灣，一些信教的人相信有來生，他們做志工、捐獻，是為了「集點數」讓來生更好，你覺得這些可以算是善行嗎？我們同意，如果這些志工事務和捐款都被用在需要的地方，那麼他們的行動確實對社會有益；但是如果他們之所以這樣做，純粹是為了自己將來的好處，他們的行為依然值得敬佩嗎？

那，學倫理學的小孩會變乖嗎？

道德虛無主義夏令營招生中！
——藉由嚴謹的哲學論證，讓您的孩子放棄普世價值和道德，並停止進行無意義的社會關懷。

我不相信虛無主義營隊真的有那種可怕效果，不過可以肯定的是，絕對很難招生。反過來說，那些強調探討道德的活動，例如倫理學（道德哲學）課程，是否就可能有比較正向的效果？例如讓學生「了解普世價值」、「增進道德和社會關懷」？關於道德哲學課程的教化效果，至今並沒有太多研究報告，不過一些初步的調查結果顯然建議我們不要太樂觀。

二〇〇八年起，加州大學的哲學家胥維茲蓋伯（Eric Schwitzgebel）和他的同事們觀察並記錄了四場哲學研討會裡，不同領域學者們的言行舉止，包括是否身為聽眾卻私下交談、放任會議室的門大聲關上、把垃圾留在座位上自己走人。他們隨後發表統計結果，指出在他們觀察的範圍內，以上任何一項統計，道德哲學家都沒有顯著優異的表現★。你或許會覺得這些都只是小事，嚴格來說應該是禮節而非道德。然而，若你看到胥維茲蓋伯和他的夥伴另外一系列的研究，可能就不會這樣想了：他們發現，比起其他哲學領域的學者，道德哲學的研究者參與投票，以及回覆學生的電子郵件的比例都沒有特別高★★，同時，在圖書館，倫理學書籍反而比其他哲學領域的學術書更容易遺失★★★。

關於書籍遺失的統計確實令人訝異，或許道德哲學家對於研究道德的興趣勝過實踐道德的興趣。但不管怎麼說，這些調查報告至少給了我們初步的理由放棄藉由道德哲學調整品德：這些報告涉及的都是非常簡單的行為，其中絕大部分，與其說跟道德哲學家關切的道德抉擇有關，不如說就是單純的公德和品行。若研究道德哲學的人在這些簡單的生活與倫理實踐上，無法贏過形上學家或知識論學者，我們似乎也沒理由相信道德哲學能讓小孩變乖。

或許有一些哲學研究者認為，這樣的結果剛好在預料之中。道德哲學家只是剛好選擇跟道德有關的概念做研究和分析而已，這也許說明他們對於人的道德思慮特別感興趣，但不代表他們有比別人更強的動力去實踐道德。就算長久的爭辯和釐清，有助於我們知道哪些道德理論最能解釋普世的道德直覺，我們也不見得會因此就遵循這些理論去行動。

當然，這不是說道德哲學對於實踐道德沒有幫助。生活上需要用到道德思考的，反而通常不是被胥維茲蓋伯設為調查紀錄的那些簡單行動，而是公共討論中的火熱爭論。也只有在這些議題討論裡，道德哲學中「釐清概念」、「重組論證」的技巧才能發揮最大效用。

或許可以這樣說：哲學在道德實踐上的重要功能，應該不是讓人變得更有品德或擁有「正確、適當」的價值觀，而是教導人質疑自己倚賴的道德權威，執行更周全的價值思考。

在這種意義下，道德哲學教育起碼跟品德教育一樣重要，因為當品德教育的教條或精神出現爭議，我們最終還是必須仰賴道德哲學討論來解決。什麼樣的性愛派對算是「妨害善良風俗」、同性戀是否該被矯正、我們應當為了阻止女人落入艱難的處境而反對性交易合法化嗎？這些選擇的結果，都指向不一樣的社會。要做出合理的公共決定，我們除了需要願意做善良的事情，也需要培養纖細、審慎的思辨能力，檢討自己用來做道德選擇的概念有沒有問題。而這些，就是道德哲學和批判思考能提供的。

★ Schwitzgebel, Eric. Rust, Joshua. Huang, Linus. Moore, Alan. Coates, Justin. “Ethicists’ Courtesy at Philosophy Conferences” (2011), *Philosophical Psychology*, 25:3, 331-340.

★★ Schwitzgebel, Eric. Rust, Joshua.“Ethicists’ and Non-Ethicists’ Responsiveness to Student Emails: Relationships among Expressed Normative, Attitude, Self-Described Behavior, and Experimentally Observed Behavior” (2013), *Metaphilosophy*, 44, 350-371.

★★★ Schwitzgebel, Eric. “Do ethicists steal more books?” (2009), *Philosophical Psychology*, 22:6, 711-725.

棒球王子外遇對不起粉絲嗎？

桃子：卡蜜被抓到吸毒欸！

餅乾：么壽喔，身為青春偶像，她應該公開向社會道歉。

有些人認為公眾人物的私德要比一般人更嚴謹。一旦犯下私人錯誤（吸毒、劈腿、欠錢不還），他們不僅在道德上對因此蒙受損失的人有所虧欠，也對觀眾和支持者有所虧欠。這種人會大方認為，公眾人物在事發後公開道歉是應該的。

有一種論點支持這種說法：犯了私德之過的名人，辜負了仰慕者的期望，因此對不起這群向來支持他的人；另一個孿生論點則從私德的「市場價值」出發，認為當名人的某些收入在一定程度上，仰賴群眾對他私德的信任，但事實上此私德卻早已失守，那麼，名人在過去這段時間，裝傻利用自己良好的形象替產品代言、賣周邊商品，就是欺騙的行為。

你大概很難中肯地主張，名人絕對應該為仰慕者的期望負責，並在辜負他們時道歉。考慮一下這個例子：有個瘋狂粉絲相信尼可拉斯・凱吉連放屁都是香的，卻在發現真相之後非常失望。在這種情況下，你覺得尼可拉斯・凱吉對她有任何虧欠嗎？為什麼？明顯的思考方向應該有兩個：

A. 尼可拉斯・凱吉從來沒有以「香屁天王」為頭銜宣傳。

B. 當然，尼可拉斯・凱吉也沒有公開澄清過，自己其實不是香屁天王。但是，拜託，誰會沒事跳出來澄清這種事情？期待自己的超級偶像會放香屁，根本就是超乎常理的想法。

這兩個理由指向同一個癥結：雖然粉絲相信尼可拉斯・凱吉會放香屁並因此崇拜他，但這不是尼可拉斯・凱吉害的，所以尼可拉斯・凱吉沒有理由為粉絲的期待負責。

反過來說，若當初確實有不實廣告，或者粉絲的期望不但不過分而且很合理，名人就該因為辜負期許而對粉絲有所虧欠。不實廣告就是明顯的例子，在這種情況下，名人已是蓄意詐騙。

而辜負粉絲的合理期待，通常會以比較隱晦的方式出現，例如在運動競賽裡放水作弊。在賽場上，姑且不論那些別有用心的觀眾，多數粉絲會期待自己的支持對象是老實地努力比賽，不耍手段。這樣的期許是合理的，因為不放水是大家共同默認的規則。在這種情況下，就算運動明星沒有在每次出賽時重申自己不會放水，我們也可以合理認定，他們參加比賽這件事情本身，就默含了不放水的保證。因此，當名人被證實放水，他就辜負這些期許，並對粉絲有所虧欠。

在這種例子裡，道德虧欠來自被明星破壞的「默認保證」。這和不實廣告有點像，但不同之處在於不實廣告是主動的，而默認保證是被動的，我們或許可以說：做出不實廣告的名人，比破壞默認保證的名人更可惡。這也可以反映在直覺上，運動明星放水很可惡，如果他們在放水之前還特地宣誓自己不會放水，則更加可惡。我們對於那些擔任反毒大使卻偷偷吸毒的藝人，給予特別嚴厲指責，也是基於類似理由。

反過來說，如果犯了私人錯誤的名人並沒有做過相關的不實廣告，粉絲當然不能合理期望名人不會犯那類錯誤，我們也不能要求名人為辜負粉絲的期待道歉。當然，犯錯總是不對的，但並不是每回我犯了錯，就一定同時辜負了全天下的人。

比較具體的例子，是之前王建民的外遇風波。你可以想像憤怒的粉絲要求王建民道歉，然而，在考慮過前面那些「名人對粉絲有所虧欠」的條件後，我們必須問：王建民是否曾對自己的婚姻忠誠做出不實廣告？以及，王建民是否破壞了不外遇的默認保證？

以職棒球員而言，這類條件很難成立，因為上場比賽並不同時保證會對愛情忠誠。如果只關注他在球場上的表現，我們會判斷那些傷心球迷是自作多情——你不太可能藉由好好打球，說明自己是愛家好男人。這種主張受到一些網路評論支持，他們認為民眾資訊不足，不應該隨意相信對於球員私生活的揣測，若你選擇相信而最後失望，那是你活該，因為人家從來沒有說自己是好男人、不亂搞。

然而，若我們將王建民在球場之外的動態也列入考慮，球迷對王建民私生活的想像，可能就不再是不合理的期許了。是的，若王建民在公開場合除了打球之外什麼事情都沒做，球迷確實本來就沒有理由期待他是特別忠誠的好男人。

但是，讓我們考慮一個假想情況：王建民顧家、憨厚的形象逐漸建立，開始有產品服務看準這種良好形象找他代言，而他又答應。在這種情況下，我們的判斷就不一樣了。

在這個假想情況剛開始時，那些良好形象的建立，確實很有可能來自於民眾沒有根據的猜想和推廣，例如覺得既然王建民受訪講話憨憨的，為人應該很老實。但是，假使服務和產品為了王建民的這些形象找他代言，而且他又欣然接下這些工作，我認為，就可以算是他為自己的良好形象做了默認保證。在這種情況下，當形象被事實戳破，名人不但對失望的粉絲有所虧欠，也對邀他代言的廠商有所虧欠。當然，計畫完善的廠商不會落到要擔心這種事的地步，他們只會拿出事前簽訂的詳細形象條款，向犯規的名人索賠。

我不清楚這些假想情況是否是事實，但是上述討論想說的是，不能因為粉絲的期待落空，就譴責犯錯的名人，甚或要他公開道歉，在這之前，有一些關於道德責任的條件必須先滿足。

對於犯錯的名人，我們可以爭論的點還有很多，例如不提粉絲的期待，轉向強調這些名人對社會的不良示範。理論上，若這類論點成立，那麼犯錯名人所虧欠的對象，就不只是受害者和粉絲，還有當初接納他以名人面貌出現的那一整個社會了。不過，這類醜聞是否真的有帶壞小孩的後果，就要另外討論了。

我不能殺人，為什麼政府可以？

死刑犯：放開我、放開我！
劊子手：住口！殺人者死罪一條，你乖乖伏法吧！
死刑犯：你的意思是說，在這個政府治理下，殺人的人就會被殺嗎？
劊子手：廢話。
死刑犯：那你準備好成為被殺的人了嗎？

死刑犯的說法實在太威了。如果某個政府嚴格遵守「殺人者死」的原則，那麼，在找來第一個劊子手處死這個死刑犯之後，他們就必須再找來第二個劊子手處死第一個劊子手，然後找來第三個劊子手處死第二個劊子手……如此反覆直到全國上下死光光為止。

據我們所知，目前好像還沒有任何國家因為這麼愚蠢的理由滅亡。然而，這是否代表，世界歷史上那些言之鑿鑿說「殺人者死」的政治權威，真的只是說說而已？他們根本就沒有認真看待「劊子手也是殺人者，也應該被處死」這件事？

如果你把這個問題拿去問那些支持死刑且誠實、可愛的政治家，他應該會向你澄清：雖然規定人不能殺人，但是政府是可以殺人的；而劊子手只是代表政府殺人，所以不需要被處死。面對這類說法，你可能馬上就冒出疑惑：人不可以殺人，那為什麼政府可以殺人？這不是矛盾嗎？

嚴格來說當然不算，因為政府不是人，是由人所構成的群體。現代政府需要透過固定程序才能做事情，這跟可以自己做決定的個人不一樣。不過，就算如此，我們還是可以問：政府禁止我們做某些事情，表示那些事情是不好的，既然如此，政府又為什麼要做那些事情？政府這樣做，就算不矛盾，難道就沒有自打嘴巴的嫌疑？

存有這類疑惑的人對事實可能會有點失望，因為政府的「定義」裡，就包含它有權力做某些人民不能做的事情。想想看，政府有權徵稅、徵收土地、開違規罰單、囚禁犯人等，這些事當中，哪一項是一般人可以做的？擁有一般個人沒有的權力，這是組成政府的必要條件。再想想看，如果政府擁有的權力跟一般民眾一樣，會變成什麼樣子？簡單講，在這種情況下，政府就跟你家隔壁的大叔沒什麼兩樣。要是你之所以反對死刑，是因為主張「政府擁有的權力不能比你更多」，那麼，你不單單是反對死刑而已，還已經是個無政府主義者，因為你也必須同時反對政府徵稅、徵收土地、開違規罰單、囚禁犯人的權力。

除非你是無政府主義者，否則就不能把「政府擁有的權力不能比個人多」當成反對死刑的理由。但，有沒有其他方法可以讓我們從「原則」上反對死刑？另一個常見的策略，是把「剝奪生命的權力」從「人民託付給政府的那些權力」當中剔除。

用英國政治哲學家霍布斯（Thomas Hobbes）的《利維坦》來類比，書中人們為了脫離危險的自然狀態、享有和平的生活，將許多權力交給大家信任的獨裁者，讓他利用這些權力保護大家的安全，排解紛爭。我們所處的民主社會裡，掌權的人並不是獨裁者（至少我如此希望），但依然不可避免地要託付給政府許多權力。然而，我們當然可以討論，政府享有權力的上限應該到哪裡？我們讓政府擁有徵稅、徵收土地、開違規罰單、囚禁犯人的權力之後，是否要進一步讓政府在特定情況下，擁有殺死人民的權力？

當我們這樣問，問題就回到討論死刑的典型脈絡：讓政府有權力殺人，對人民來說是否更好、死刑是否有助於維護被害人家屬應有的福祉、死刑能否嚇阻重大犯罪、死刑會不會被體質、制度不良的政府當成去除異己的工具？還有，一旦考量到誤判的損失以及執法花費，我們期待死刑制度帶來的那些好處，是否依然划得來？

死刑的存廢是複雜的議題，也不可能純粹以概念探討找到解決方案，但我們至少可以確定，「因為個人不能殺人，所以政府也不能」這個說法大概不會成功。

以牙還牙，以眼還眼

彭彭：以牙還牙，以眼還眼，殺人者死！
小天：那強姦犯呢，難道我們要強姦回去嗎？

政府為什麼可以懲罰壞人？在懲罰理論（Theories of punishment）的漫長爭論中，主張「做壞事本身就構成處罰理由」的應報主義者，總是占據一席之地，因為它充分反映出人想要報復邪惡行為的強烈情感：做壞事的人必須有壞下場，因為那是他們應得的。

在歷史上，《漢摩拉比法典》和《聖經》為應報主義提供了典範案例，但也成為批評者的標靶。不同意「以牙還牙」的人會說：報復心會讓人想要打掉「打掉別人牙齒」的人的牙齒、戳瞎「戳瞎別人眼睛」的人的眼睛；但是不管你再怎麼被仇恨沖昏頭，都不可能想要親自以同樣的方式，「報復」強暴過你的人。

這種說法不會為討論帶來太多啟發，因為它攻擊的對象是最素樸*的應報主義，這種版本支持：

太簡單的應報方案：若我們要因為「A對B做了壞事」而處罰A，處罰的方法，就是以A為對象，對他做那件壞事。可以的話，必須請當初的受害者B來做。（在某些情況下，這個條件很遺憾無法達成，例如殺人罪。）

「太簡單的應報方案」實在是太簡單了，無法滿足應報主義者對報復的期望。不管是潑餿水還是挖眼睛，報復的基本精神就是要對方痛苦。不幸的是，並不是任何犯罪行為回應到犯罪者本身，都能保證會讓他痛苦。性侵害是其中一例，其餘的，還有性騷擾、作弊、歧視言論等等。了解報復精髓的應報主義者，則會改推薦這個：

等價應報方案：若我們要因為「A對B做了壞事」而處罰A，處罰的方法，就是讓他得到足以彌補受害者B，或者跟受害者B同等的痛苦和損失。

對支持「等價應報方案」的人來說，強姦罪不再是問題，相對地，他們還可以玩腦力激盪，發明各種能造成不同程度痛苦、損失的懲罰，來報復各類型的犯罪者。當然，你可能會質疑說，要如何把痛苦、損失量化來保證公平——這個時候，等價報應的支持者會指著旁邊的效益主義者說：「他們能做到什麼地步，我們就做到什麼地步！」（效益主義最為人所知的麻煩之一，是如何才能把「效益」的計算量化。）

就算已經沒有「那你是要強姦回去嗎？」的困擾，並不代表等價應報方案沒有其他問題。反對者依然可以問：為什麼我們需要報復？為什麼報復是實現正義的最佳方法？

有一類支持報復的理由，主張我們應該為了補償被害人、被害人的家屬而處罰犯人；但是，處罰犯人不會幫被害人帶來金錢，也無法撫平傷痕，因此，這裡的補償其實只是「讓人情緒上好過一點」。當然，情緒的安撫對人來說有其價值，我們都可以想像，殘忍的犯罪可能導致被害人對罪犯恨之入骨，寧可剝皮也不要賠錢。只不過，每個人在經歷可怕的事情之後，需要安撫的程度不見得相同，也不見得都寧可用安撫取代賠償。用「安撫情緒」作為懲罰理由，每個人得到的懲罰程度會相差很大，造成不公平。

另一派常被用來支持報復的理由，跟正義的重分配有關：我們處罰犯人，是為了讓被犯人傷害的正義「重新分配到案件發生前的樣子」。抽象來說，阿條在路上砍了大熊一刀，阿條就欠了大熊（或彼此所屬社群）「一單位」的正義，這種不平衡的狀態，必須藉由處罰阿條來回復。這種說法最大的問題，在於你實在很難理解這些正義「欠來欠去」到底是什麼意思。如果你問：「OK，現在我『欠你一單位的正義』，所以到底代表什麼？」可能的回答似乎只有：「這代表我必須處罰你。」

然而，如果積欠正義等於必須處罰，那麼「因為你積欠正義，所以國家必須處罰你」這句話就變成廢話，還是無法解釋「報復與正義、國家有什麼關係」。企圖以正義的重分配支持應報理論的人，必須提出比「抽象比喻」更好的論證。

從另一面來思考：如果我們不該使用公權力報復犯罪者，那還有什麼理由可以支持懲罰？有一種說法主張，恰當的懲罰能帶來划算的後果。藉由發揮嚇阻力、對犯罪者進行再教育、彰顯政府威能，可以讓這個社會更安全。

在純粹後果論者的眼光下，「理想懲罰」的本質跟「理想的都市更新」一樣：以少數人的損失換取公眾利益。然而，若划算的後果就可以支持懲罰論，這一來，結果將超出你想像的可怕：

署長：現在才三月，累積的強盜罪就已經比去年一整年多了三倍。

處長：而且你們一個罪犯也沒抓到，搞屁啊？

部長：這樣下去不行，不關個一兩個，犯罪率不會降低的。

院長：不然我們找兩個替死鬼先頂著吧。為了維持治安，這也是沒辦法的事情。

總統：好，就醬。

理論上，划算的後果指的是類似殺雞儆猴那樣，藉由懲罰過去犯罪的人來嚇阻可能在未來犯罪的人。但問題是，要達到這樣的嚇阻力，被懲罰的人不見得一定要是真正的罪犯，只要社會大眾都被蒙在鼓裡就沒事了。當然，你會說政府不該欺騙老百姓，但為了社會安全，這也是沒辦法的事情。

我們真的可以為了改善治安，懲罰無辜的人嗎？大概很少有人能接受這種做法。但糟糕的地方就是，若你接受純粹後果論的「划算的後果」，這結果似乎是必然下場。若要分辨無辜的人和真正的犯罪者間的差別，堅持我們只能為了治安懲罰罪犯而非無辜者，我們就很難不回頭去討論應報理論：假如懲罰無辜的人能帶來更大的好處，幹嘛不做？因為這些人沒做壞事，那不是他們應得的。

考慮到這一點，有些哲學家建立了雙步驟的懲罰理論。他們引用應報理論，把做壞事當成受罰的必要資格，再用後果論式的思考決定罰則。這個做法是否行得通還正持續爭論著。這類問題所呈現的，那些難以兩全的理論取捨，就是從事哲學研究的人每天要面對的境況。

★「素樸」是哲學家的婉轉用詞，常用來描述那些初次問世、尚未發展健全、漏洞一堆的理論。若對照當代網路用語，相當於「最弱智」。

車籃垃圾處理方案

學生：剛進來就看到它在我桌上，不曉得誰放的。我很生氣，才把它丟到地上。

老師：（揮舞著空便當盒）不管怎樣，把便當盒丟到地上就是不對。便當盒落到你手上，不管它是怎麼來的，它就進入了你的生命，變成你的責任和選擇。你可以選擇做對事情，負起責任把它洗乾淨然收，你也可以選擇做錯事情，把它亂丟。現在，告訴我，你覺得怎麼做才對？

學生：（豁然開朗）老師，便當盒已經落到你手上，現在輪到你做選擇了！

無妄之災在生命中最沒創意的現身方式，是別人丟在你車籃或桌上的垃圾。我朋友大麥處理這種狀況的一貫方法是，把垃圾抓起來丟到地上。但，這樣做OK嗎？

　所有有過類似經驗的人應該都會同意，大麥的應對方法很能舒緩當下不爽情緒。但是，到底有什麼好理由支持你把被栽贓的垃圾扔到地上，而不是摸摸鼻子拎向垃圾桶？

　直接的想法很簡單：「垃圾又不是我的，憑什麼叫我拿去丟？」這個說法最明顯的缺點，就是它不太可能說服你的老師，不過確實表達了一個值得討論的道德觀點：沒錯，垃圾恰好在我的車籃裡，但，我是否就因此比別人更有責任要處理它？

當然，就現實而言，比起其他人，我確實有比較急迫的理由去搞定它，因為「那是我的車籃啊，我還要用它裝包包欸」。但值得注意的是，「有急迫理由」要做某件事情，跟「有責任」做那件事情是兩回事。簡單講，當我有急迫理由要做某件事情，表示我要是沒搞定會對不起自己；而當我有責任做某件事，表示假如我沒搞定，我會對不起其他人。

考慮到上述觀點，對於車籃垃圾一例，比較公平的敘述應該是這樣：沒有特別需要對垃圾負處理責任的人，因為自己對於這個車籃的使用需要，被別人脅迫必須處理那些垃圾。基本上，這也很類似遭恐怖分子威脅、必須改變政策的政府。

若我們同意「被別人脅迫去做不屬於自己責任的事情」並不合理，我們應該也會同意，萬一某人不幸落到這個處境，他有權選擇比較不痛苦的方式來應對。例如說，當他發現車籃裡多出了垃圾，他可以隨手把它扔到地上；當然，這並不代表他可以把垃圾轉放到隔壁腳踏車的籃子裡——就算你被別人脅迫去做不屬於自己責任的事情，你也沒有權利把這份脅迫轉移到隔壁腳踏車的使用者身上。

你可能想到了，丟在地上的垃圾，不會造成清潔人員「被別人脅迫去做不屬於自己責任的事情」嗎？答案其實也很簡單：清潔人員的工作，本來就是處理沒公德心的人製造的垃圾，當他們撿起地上的垃圾，並不是被別人脅迫去做不屬於自己責任的事情。同樣的說法也可以應用在志工、值日生、勞動服務同學等「自願」*清潔打掃區域的人身上。

情景回到教室，上述推論應該也適用文章開頭的例子，而且還多了另一個支持的理由：在「小屁孩教育」的脈絡裡，桌上的便當盒有可能是霸凌工具。若最初丟便當盒的人正躲在一邊偷笑，那麼，要求第一受害者負起處理責任，就更像是叫政府向恐怖分子妥協了。

以上，我試圖討論處理車籃裡的垃圾最直接的方案（抓起來丟到地上），以及可能用來支持此方案的哲學理由。這些理由是否都成立，還有待檢視和討論。

值得注意的是，就算你全盤接受我的說法，也不代表說，在將來當你遇見類似情境，就應該沿用這個方案去面對。因為，就算問心無愧，你可能也沒有時間跟目擊你「亂丟垃圾」的人進行上面那一大串哲學討論。

★當然，同學們都會說這不是自願，而是「為了學分被迫」，不過我們在這裡採取校方說法。

第四章

什麼！聊天也有哲學原則？

——理性辯論的認知

對問題除魅

研究「概念」意義的哲學家時常有種想法：當人面臨不知道怎麼處理的困惑，有時不是因為問題沒解決，而是因為問題沒問清楚。舉個例子：

樹的問題

在一座沒有動物的森林裡，有一棵樹倒了，可想而知，沒有任何人或動物聽到。那麼，這棵樹倒下時，有發出聲音嗎？

〈樹的問題〉乍看之下令人困惑，但解決方法其實很簡單：先確定這裡的「聲音」指什麼。如果是指音波，那麼只要這個森林符合自然定律、充滿空氣，倒塌的樹就會發出聲音。另一種可能性：如果這裡的聲音指的是人或動物聽到聲音的「感覺」，那麼在沒有人、動物的森林裡，倒塌的樹自然不會發出任何聲音。樹的問題之所以看起來無解，是因為它其實是兩個問題的混淆。一旦我們把這兩個問題分開，困惑就自動消失了。

樹的兩個問題

在一個沒有動物的森林裡，有一棵樹倒了。

1. 這棵樹倒塌時有造成音波嗎？	有
2. 有任何人或動物聽到這棵樹倒塌嗎？	沒有

把問題講清楚，就不再令人困惑。這是哲學家解決問題的方法之一：當我們遇到問題時，第一件事情不是急著找答案，而是退一步想想：「這個問題到底是在問什麼？」很多問題之所以令人困惑，並不是因為人不夠聰明、懂得不夠多，而是問題本身不清楚。

哲學問題常常以「X是什麼？」的形式出現，例如：善是什麼？但這問法不是探討哲學問題的最好方式，因為「X是什麼？」這種表達方式不夠清楚，太多種彼此沒有關聯的說法，都可以成為答案：

善是歷史遞迴的終點。

善是人對真理的詮釋。

善是脫離言語和人性的存在，因為每個人對善的定義不同。

哲學家不喜歡這種狀況。他們通常會先問：「『善是什麼？』是在問什麼？」可能的詮釋有很多，例如：什麼是善人，人要符合哪些條件才能被稱為是善人？什麼是善行，行為要符合哪些條件才能被稱為是善行？什麼是善的社會制度，社會制度要符合哪些條件才能被稱為是善的？……

這時候大家的意見就可能會不一樣。有人說想問的是第一個問題，有人認為自己想問的是第二個或第三個。這都無所謂，重要的是，我們找到比較明確的表達方式，能專心探討自己想要討論的問題，同時，也避免其實是在思考不同問題的兩個人雞同鴨講。哲學家的這種區分問題的方法，雖然不保證可以解決問題，但是通常會讓問題變得更好解決。

有人可能對這種解決方法不太滿意。這種人會進一步澄清說，他想討論的不是善人也不是善行，更不是什麼善的社會制度，他要討論的就是「善」這個東西本身，不多也不少。但，什麼是「善這個東西本身」？

大鳥：綠色是什麼？

菜頭：綠色就是像是葉子啊、青屎啊，這些會反射520~570nm波長光線的東西。

大鳥：不不不，我要問的不是綠色的東西是什麼，而是綠色本身是什麼？

菜頭：那，綠色就是你的視網膜接收到波長520~570nm的光線時，形成的感覺經驗吧。

大鳥：不不不，我要問的不是綠色的感覺經驗，而是綠色本身是什麼？

菜頭：什麼……

事實就是，除了綠色的東西和綠色的經驗（以及會產生綠色經驗的光線、視覺及神經系統）之外，這個世界上再也找不到其他跟綠色有關，而且可以讓你問「綠色是什麼？」的東西了。執意問「綠色是什麼？」並拒絕進一步解釋，結果就是把時間浪費在沒有內容，更遑論沒有答案的問題上。

除了那些可以被你用善來描述的東西（善人、善行、善的社會制度……），以及跟善有關的認知系統（人的道德系統，許多人相信是演化來的那個東西）之外，這世界上很可能再也沒有跟善相關，而且可以讓你問「善是什麼」的東西了。就算有，在我進一步解釋問題之前，別人也很難曉得我到底在問什麼。

有些人可能覺得，接下來的討論方法真是令人惋惜，許多本來看起來很有深度的問題，在經過如此改寫後，就變得沒什麼神祕感了：

真理是什麼？↓要符合哪些條件，這個句子才能算是真的？

知識是什麼？↓人要怎樣才能算是「知道」一件事？

善是什麼？↓什麼樣的行為才算是善的？

然而，這就是重點：有些問題之所以看起來有學問，一定程度上是因為它們被表達得太模糊，讓人不知道該怎麼回答。要有建設性地處理這些問題，第一步就是對它們除魅，在神祕感降低之後，你會發現，隨之而來的是，那些問題變得可以理解和討論了。

你只是在挑語病

以哲學或批判思考觀點來產出評論，最常收到的回應，就是被別人說你只是在挑語病；言下之意，就是找一些無關緊要錯誤的麻煩，沒辦法改善結論或立場。這種回應特別令人沮喪，尤其是對秉持批判思考精神進行討論的人來說。這不僅意味著對方認為你的意見無關緊要，也代表對方對於理性辯論的認知和你相差甚遠，若你打算繼續回應，勢必涉入一場苦口婆心的延長賽。

哲學式的挑剔並非沒有實用價值，基本上，光是明白：「錯誤的推論過程」跟「錯誤的結論」都會造成嚴重麻煩，有時候就足以救你一命。

阿凱生前說過的倒數第三句話：我怎麼知道山羌很溫馴？因為山羌毛茸茸的啊！毛茸茸的動物都嘛很溫馴，所以我知道山羌很溫馴！

阿凱生前說過的倒數第二句話：什麼？你說我講的推論有問題？但是我明明就是對的啊！山羌真的很溫馴嘛！你不要挑語病好不好！

阿凱生前說過的最後一句話：唉唷等一下、等一下，那邊有隻毛茸茸的山豬聳著背吐著氣，好可愛唷！我去跟牠玩一下再跟你討論這個！

正確的推論過程很重要，它和語病完全不同。語病是簡單的語言錯誤，推論過程的錯誤，則在人們藉語言表達想法時發生。

簡單的語言錯誤就是寫錯字、用錯動詞、搞混標點符號、贅字、講話不標準之類，例如：

馬英九上任台灣區長。

陳為廷做了一個丟鞋子的動作。

我不給他摸，他就給我打！

花生繩魔術!?

這些錯誤不難察覺，甚至你自己重讀一遍或重聽一遍都可以發現。它們代表你不夠小心，或者你對語言不熟，或者你的語言習慣和其他人不一樣。然而，這些情況都只顯示你說出來或寫出來的句子有問題，不代表那些語句表達的想法有問題。例如，如果你要跟外國朋友介紹元首，卻不小心把「總統」講成「區長」，這並不代表你對台灣的認識或相關知識不正確，這就是為什麼我們會說你只是犯了「口誤」。

然而，如果錯誤發生在思辨過程，這種錯誤就不再是語病，而是謬誤。例如，我可能認為，既然神創論還沒被科學家推翻，那麼我們就應該相信它，因而犯下「訴諸無知」的謬誤。或者我可能認為既然高燒退了，表示早上空腹喝養樂多是有效的，而犯下「證據不充分」的謬誤。謬誤是思考方法有問題；當一個人犯下謬誤，不代表他的中文、台語或英文不夠好，而是他想事情不夠小心，或者身懷偏見、不夠理性。

語病和謬誤是完全不同的兩種東西。一個人可以在發音不標準、動詞錯用的情況下，結結巴巴地講述很嚴謹的分析，也能靈活運用九種修辭法字正腔圓鬼扯，除非對方注重你的語言造詣勝過說話內容，否則語病在溝通情境下無傷大雅。但，謬誤則會讓你的論點不值得被接受。當然，你可以想到有人的發音、文法、字彙誤用得亂七八糟，嚴重到別人必須花很多力氣才有機會聽懂他說的話，不過，到了這種程度，他的問題就不只是有語病而已了。

把對謬誤的批評指責為挑語病，這不但本質錯誤，也不公平。在現今社會，犯謬誤比犯語病更糟糕。雖然語病讓人的表達效率下降，但它們很容易被挑出來，而謬誤的出現，則暗示了推理能力的瑕疵。有時候，我們可能在推論中犯了謬誤，結論卻恰好正確，例如阿凱主張「山羌毛茸茸的，所以山羌很溫馴」。但就算這種事情發生，也只是運氣好。

就算謬誤出現時結論剛好正確，我們依舊需要重視、改正它，每個謬誤都代表著思考者使用了沒有根據的前提或方法進行推論，沒有人能保證，你永遠不會把它們用在會讓結論出錯並丟掉自己小命的地方。

對決！言論自由，以及管制言論的自由！

本文改寫自我的一篇部落格文章，那篇文章被轉貼到許多粉絲頁，然後被管理員刪除……

彌爾的言論自由觀主張一種「追求真理」的自由，認為言論自由的重要目的，是為了讓真理在充分討論後浮上檯面。順著這種觀點來看，你會發現言論自由有一種「全面性」：言論自由所能帶給我們的東西當中最寶貴的那些（也就是真理啦），並不是只要你有言論自由就可以享用，必須別人也都擁有言論自由才行。例如，在發言管制非常嚴格，想說真話就必須死諫的朝廷，雖然國王本人享有絕對的言論自由，但是他沒有機會聽到那些真正有意義的資訊，因此也無法享用言論自由帶來的重要好處（例如知道王后有外遇）。

這種全面性，其他類型的自由不見得會有。舉例而言，人身自由最重要的意義之一，就是你幾乎想去哪就去哪，而這個好處，並不會因為有很多人缺乏人身自由而消失。當然，若你知道在伊朗等某些保守地區，女性自由受限的程度，可能會感到不太舒服，但是提供你這種舒服，並非人身自由的服務範圍。

考察言論自由的其他重要目的時，你也會發現這種全面性。例如說，根據我的老師謝世民教授的觀點，我們不該禁止仇恨言論，因為那不是對待有仇恨心態人的最佳回應★。仇恨言論可能來自客觀上的錯誤想法，也可能來自不被大家接受的偏激價值觀，但不論如何，如果這些言論被封鎖，失去和社會溝通的機會，對當事人來說顯得不公平——如此一來他們只能知道自己被封鎖，無法了解哪裡犯錯。

封鎖言論的做法使這些人陷入被排擠的委屈，這有助於避免實體衝突，但無法解決價值觀的衝突。應付仇恨言論的最佳對策，應該正好相反：讓它們自由曝光，並受到社會上不同聲音的糾正。然而，要做到這一點，光靠「人有發表仇恨言論的自由」還不夠，還必須要想辦法，讓這些人獲得來自社會上其他人的言詞批判才行。

著眼於這種全面性，不管言論自由的目的是要讓我們更容易獲得真理，還是要彼此糾正對方的道德立場，它的必要條件都是「大家都能說話」。不但自己人可以說話，持不同立場的人也可以說話；不但持有仇恨心態的人可以說話，其他比較溫和寬容的人也要可以說話。

把這種想法進一步推廣的結果，就是言論自由甚至有機會勝過「在我的地盤，你少廢話」的私人管制權利。如果有一些溝通平台是重要的，例如在特定事務上能匯集公眾注意力，那麼，即使這樣的平台是私人所有，就算政府尚無權要求他們，這些人至少也有道德責任，不要讓自己的地盤變成一言堂，並避免讓本來可行的討論管道消失。

當然，這並不代表你不能阻止我闖入你家客廳，宣傳我的哲學立場。因為你家客廳事實上不是，也不容易成為公眾在特定事務上聚焦注意力或交會意見的地方。在現實區域，私人和公眾分得比較開，因為你不會讓別人隨便跑進來。然而，網路就不一樣了。

例如說，許多臉書牆雖然是私人帳號所有，但是瀏覽權完全開放，任何人都可以看到。如果在這樣的牆上出現了討論某些公共議題的文章，並引起大家注目，它就成為「雖然私有，但具有公共注意力重要性」的平台。基於上述言論自由的初衷，所有人在這些平台上都應該要有表達自己想法的權限。此外，是的，如果你同意謝世民的說法，這甚至可能表示你有權在上面侮辱別人，然而，無論如何這都不代表你可以洗版，因為洗版是在技術上侵害別人的言論自由。

越來越多人藉由網路溝通，我們曾經期許網路成為截然不同意見的交會之處，讓這個社會變得更多元且寬容。但基於人性，事實剛好相反，許多最有人氣的網站、部落格、粉絲頁，往往也是最不寬容的「Republic.com」，他們封鎖意見不同的人，讓同黨朋比彼此安心取暖。這對於民主社會來說非常不健康，也有違言論自由的初衷。若你同意前面對言論自由的分析，你應該也會同意，當一個網路平台成為許多人討論公共事務和價值觀的地方，那麼這個平台就有責任包容異己，縮小私人管制言論的權力。

★〈歧視仇視的言論也享有自由嗎？〉謝世民《思想 12》2009.06

講話的資格

阿康：你這廢柴！

大米：吼~你犯了人身攻擊的謬誤！

典型「人身攻擊的謬誤」確實通常伴隨著負面評價，但並不是每次罵人就會同時犯下人身攻擊謬誤。謬誤指的是錯誤、不可靠的思維和推理，或承載了這類錯誤思維、推理的言語。單純的辱罵只是在表達情緒和態度，扯不上思維或推理，它們也許是人身攻擊，但談不上謬誤或非謬誤。然而，如果我們把人身攻擊轉換成「支持某論點」的理由，就可能犯下人身攻擊謬誤，例如：

樂樂：同性婚姻當然不能合法化。如果男生跟男生可以結婚領養小孩，我要怎麼跟我兒子解釋為什麼他同學有兩個爸爸？

大米：北七，你懂個屁。

簡單說，罵人北七（白痴）就只是罵人而已，但若你一邊罵人北七，一邊主張因此這個人的說法不可信，就成了人身攻擊謬誤。當然，要讓言論可靠，說話者必須具備相當資格，在一些情況下，言語的可信度確實會受到發言人的負面特質影響，例如：

小黃：可是，小紅跟小藍都認為這句應該翻譯成「相對主義的內衣被捲入手扶梯」。

小綠：拜託，他們兩個托福分數加起來只拿十四分欸。

證人：案發當時，我跟被告正約在停車場拿錢，我可以為他的不在場作證。

律師：這位證人曾經有過三次被收買做偽證的紀錄，我認為他的證言不具效力。

因為對方英文檢定分數低，質疑他關於英文翻譯的建議，或者基於說謊的紀錄，質疑證詞的清白，這些例子當中的負面特質都非常明確，並有效削減了說話者受信賴的資格，因此足以成為反駁的理由。然而，在現實討論中出現的人身攻擊，往往非常抽象，例如北七、腦殘或其他髒話。這些人身攻擊並不明確指向有意義的負面特質，沒有作證的效用。在這情況下，若有人主張基於這些特質，我們不該接受說話者的言論，就會構成人身攻擊謬誤。

只是罵人北七，沒有辦法合理反駁對方的發言，但若指出對方的語言程度不好，就可以提供理由，拒絕他關於翻譯方面的意見。這顯示，要讓自己的發言值得信賴，最終還是需要資格。當然，在法庭上作證所需的資格，跟提供有效的翻譯見解所需的資格不見得一樣。

除了罵髒話等非常明顯是人身攻擊之外，在網路討論裡，這種發言資格的索求，也經常以另一種面貌出現：

A. 你那麼支持嫖妓自由，如果自己女兒去賣淫，你應該很高興吧？

B. 你們一直強調核能很安全，怎麼不把核廢料拿去放在自己家？

初步來看，它們可以解讀成：強調對手需要有特定資格，才能合理支持自己的言論——如果你不高興自己女兒賣淫，你就沒資格主張性交易合法化；如果你不願意把核廢料放家裡，你就沒資格說核能很安全。

要判斷這些說法是否合理，可以檢查它們對資格的要求到底是什麼、跟對方的主張有什麼關係。我是否必須要在家人從事性工作時感到高興，才有資格支持性工作的合法化？當然不。舉例而言，考慮到言論自由，我認為法律可以允許人們基於自己的價值觀發表排斥同性戀、性工作的說法，但如果我的家人這麼做，我一點也不會覺得高興。

不過，A也可以換一種比較具有建設性的說法：「你真的覺得從事性工作一點問題也沒有嗎？想想看嘛，如果你的女兒去當妓女，你有什麼感覺？」在這種情況下A是要求對方設身處地重新檢查一次想法，看看是否真的想要選擇那個立場，並強調自己無法理解，有人甘願冒著家人可能會去從事性工作的風險，讓這種職業合法化。那些真心認為性工作是正當職業的人，可能會覺得這個問題有夠沒禮貌，不過這也是價值觀迥異的社會裡，常態的溝通境況。

同樣地，B也可以用這兩種方法去分析。如果它的意思是「除非你願意把核廢料放自己家，否則你沒有資格支持核能」，那顯然沒有道理，因為你不能要求某政策的支持者獨自承擔它帶來的壞處，除非你也願意讓他們獨享該政策帶來的好處。然而如果後面這件事情可以成行，我們一開始也不需要把點子搬到公開檯面上討論了，自己揪團執行就好。反過來說，如果B的意思是：「你真的認為我們對核廢料的處置方式很安全嗎？如果要放去你家，你是否安心？」則可以當成是在確認對方對於安全程度的信心，以及這種信心的來源。

說別人沒資格講話，滿傷人的。不過如果把那些看起來像是人身攻擊的言論，當成是在索求說話的「資格」，我們就可以把那些比較有建設性的說法，跟真正的人身攻擊謬誤區分開來，增加討論效率。

理性的原罪

理性應當是激情的奴隸，除了為激情服務之外，它無法擔當其他工作。

——休姆

有人認為英國哲學家休姆（David Hume）的這句話是在建議我們讓情感凌駕理性，順從感性行動。這種解讀是錯的。休姆說的激情（Passion），指的是人的價值觀和喜好，而不是感性。因此，「理性是激情的奴隸」應當是表示：只有在價值觀（或喜好）確定的情況下，理性才能幫助我們做出決策。

這個想法其實很簡單，例如說，理性告訴我，根據手上的廣告單，某品牌巧克力正在打折，但，這就表示我應該趕快去買嗎？當然不一定，如果我本來就不喜歡吃那家巧克力，就算它變便宜，對我來說也不見得是好選擇。你可以看出來，在這整個決定要不要買巧克力的過程裡，理性和價值觀扮演截然不同的功能：理性告訴我什麼手段可以達成什麼結果，而價值觀告訴我，這結果對我有多少吸引力。若我要合理決定接下來是否該出門買巧克力，我就需要理性和價值觀攜手合作，缺一不可。

休姆的「理性是激情的奴隸」，只是用來描述它們的分工方式：價值觀負責設定目標；理性負責找出達成目標的手段。這兩者並沒有高下優劣之分。不過，如果你真的到處蒐集大家關於理性的意見，應該不難拿到一些認為「太過理性反而會搞砸事情」的說法，例如：

A. 那個把沿海蚵田開發成工廠的案子，雖然可以賺很多錢，但是造成的汙染和文化破壞也是不可小覷啊，只參考理性辦事，是不行的！

B. 這部片是在講一個物理天才，因為太理性反而交不到女朋友的故事，其中有一段演女主角對他眨眼睛，結果他竟然遞眼藥水給她！

這兩種想法都很常見，一種抱怨理性會導致對責任和傳統的忽視，另一種則指出理性會阻礙人做出社交上恰當的回應。一般人大概都可以同意，A、B兩例所舉的，都是我們認知裡，理性決策的某些缺陷，導致當事人對大家普遍認為重要的因素無感。然而，退一步想想，那些缺失，真的都源自過剩的理性嗎？在開發案的例子裡，支持開發的人為了錢放棄環境和傳統，這種選擇，可能基於兩種考量：

1. 當事人確實認為我們應該保護傳統和環境。然而，他因為錯估了破壞的程度，所以以為開發是合算的選擇。
2. 當事人不在乎環境和傳統的破壞。

如果1是真的，表示當事人對事實的認知不夠完整，因此促成錯誤的決策結果。這與其說是理性過剩，不如說是當事人沒有好好發揮理性，將相關情況全盤了解之後再做決定。在2的情況下，當事人已經掌握了夠多資訊，足夠做出最符合他胃口的選擇，但是因為他沒有動機維護環境和傳統，所以選擇了開發。如此一來，與其說當事人是理性過剩，正確的批評應該是：他的價值觀和大家都不一樣，所以做出大家都無法理解的決策。如果他有問題，這個問題應該落在他的價值觀的內容，而不是他的理性能力。

交不到女朋友的物理天才，他的處境其實跟1有點像：那個女生為什麼眨眼？眼睛太乾嗎？一個人什麼時候會做出這種判斷？就是當他很了解眼睛的生理機能，但是對人們在社會上的互動禮節一無所知的時候。因此，對又錯失把妹機會的物理天才來說，正確的檢討應該是：他應該多發揮一些理性能力在關於人與人互動的知識上。他的問題是，針對某方向的理性發揮太少，而不是太多。

開發案和物理天才這兩個例子讓我們知道，當我們指責別人理性過剩以致於做出錯誤判斷的時候，其實對方真正的問題不是運用過多理性，而是在恰當的知識區域，發揮的理性不夠多，或者價值觀跟你不一樣。

意識到這些差別之後，我們就更了解該怎麼看待那些我們認為「太理性」的人。對於貪財的開發商，應該要指出，他的決策只注重金錢的利益考量，忽視了環境和傳統會帶來的好處。對於單身的物理天才，你應該告訴他，他的問題不是太理性，而是對人缺乏了解。

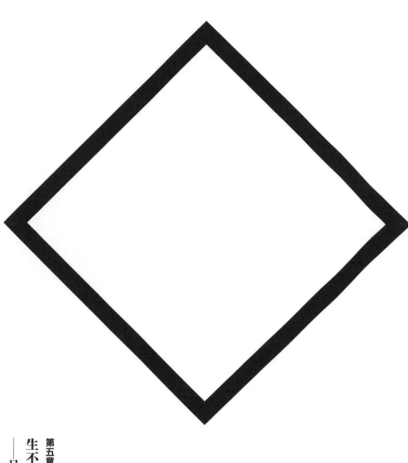

第五章

生不完的雞，吵不完的蛋

——日常裡的突發奇想

先有蛋才有雞

雞雞：先有雞吧，蛋是雞生的。
蛋蛋：可是雞也是從蛋出來的啊。
雞雞：先別管這個了，你不覺得我們兩個的名字有點那個嗎？

有些哲學家習慣把所有問題改寫成超級不好讀的格式，像是他們會指出：「先有雞還是先有蛋？」這個問題其實是在問，下列哪個句子是真的：

1. 有一枚雞蛋，它比任何雞都還要早存在於世界上。
2. 有一隻雞，牠比任何蛋都還要早存在於世界上。

「雞生蛋，蛋生雞」長久以來被用來形容「循環、沒有結果」，是因為我們的思考，很容易就落到雞雞和蛋蛋最後會取得的那個共識：所有蛋都是雞生的，所有雞都是從蛋出來的。在這種情況下，問題的答案很明顯：1和2都是假的。

但，如果1和2都是假的，表示所有雞蛋之前都有雞，所有雞之前也都有雞蛋，雞與雞蛋的歷史不斷往過去延伸，沒有盡頭。許多人真心相信所有雞蛋都是雞生的、所有雞都始於雞蛋，但我們必須了解，這個有關特定物種的假說，違背了當今科學家廣泛接受的宇宙學結論：宇宙始於一百三十幾億年前的大霹靂。

宇宙的歷史有開端，地球的歷史也有開端，所以雞和雞蛋不可能一直輪流往過去交替而去。然而，先出現的到底是雞還是雞蛋？在這裡，科學家的另一個共識可以幫得上忙：演化論。

如果現今的所有物種都是從構造超級簡單的生物演化而來，那麼，雞也不例外。因此我們可以問：在演化歷史中，當雞這個物種的第一個個體首度出現時，牠是以蛋的面貌，還是雞的面貌問世？值得注意的是，既然雞是演化出來的，那它一定有個祖先。我們先把歷史上演化出雞的那個物種叫做「雞祖先」吧。如此一來，我們的問題就可以這樣問：

下面哪條是真的？

3. 有隻雞祖先，生下雞蛋。

4. 有顆雞祖先蛋，破殼出一隻雞。

3、4跟1、2不同的地方，在於它們把「誰生誰」的問題變成了「物種歸屬」的問題：從雞祖先到雞的物種跨越（由A物種變成B物種），到底是在什麼情況下出現？

物種的界定方法對生物學界來說，還是爭論中的問題，然而，有個不小的聲浪建議，我們應該使用基因來區別不同的物種：當兩個個體的基因相似到一定程度，牠們就屬於同一物種；當兩個個體的基因相異到一定程度（通常，這個相異的程度會讓牠們無法交配繁殖），牠們就分屬兩個物種。這個分類方法沒辦法直接告訴我們雞生蛋還是蛋生雞，但是它讓我們知道一件很重要的事情：雞祖先跟雞的基因一定不一樣。

知道雞祖先和雞的基因必須不同，這讓我們可以放心排除4，因為絕大多數的基因變異是發生在減數分裂時，理論上，蛋具備的基因不一定要跟生蛋的母鳥一樣，但是從蛋裡孵出的小鳥具備的基因，卻不可能跟蛋的基因差太多。因此，給定「減數分裂時產生基因變異」的可能性，雞祖先可以生出雞蛋，但是雞祖先蛋卻不太可能孵出雞。在這裡，雞生蛋蛋生雞的問題解決了：若我們以基因區辨物種，那麼，理論上八成是蛋生雞。

當然，研究雞的演化的人可能會指出，這個結論根本就沒意義。物種的「誕生過程」可能持續幾百萬年，在這之間會有無數「看起來像雞祖先又像雞」的鳥類處於灰色地帶，不太可能，也不需要被硬分到雞或雞祖先的陣營。

不過我想，這可能就是硬要問「到底是雞生蛋還是蛋生雞？」這種問題的下場吧。而且，找不到那個「當初生下雞蛋的元兇」，並不代表上述的討論沒有意義。它讓我們知道，原來以為不可解的循環問題，在釐清之後，其實就只是個關於物種的生物學問題。

對了，如果有人覺得這種分析解消了亙古謎題，害他的生活少了一些樂趣，其實我們也有解套的方法。只要你把雞蛋定義成「雞生的蛋」，而不是「屬於雞這個物種的蛋」，那麼上述的說明就完全不適用，而「雞生蛋，蛋生雞」也會真正變成一個無解的循環問題了。

萬能造句法的錯誤

老師：噹、噹——造句時間！誰可以用「公然猥褻」來造個句？

阿花：老師，我會：「瓜仔在桌上寫了公然猥褻四個字。」

老師：這樣不行啦！

阿花：為什麼？

為什麼？如果造句就是「老師給你一個詞，你造一個有這個詞在裡面的句子」，阿花的表現看起來滿符合要求的，不是嗎？當然，你動動腦，很快就可以想到一些規定，能讓老師說明為什麼阿花造的句子不過關，例如：造句沒有在造這種「誰誰誰寫了什麼什麼」的句子的啦，重造！但是這種應對不會成功，因為阿花使用的「萬用造句法」的特色，就是還有一大堆類似的造法，例如：

阿花：瓜仔說：「公然猥褻。」

老師：……

當然，「合法」的造句我們也都會，問題在於，到底是什麼東西，使得上面那些藉由萬用造句法生產的句子，跟下面這個句子不一樣？

合法的造句：瓜仔在教室桌上公然猥褻。

若你的老師曾經學過語言哲學（Philosophy of language），馬上就可以告訴你，因為「公然猥褻」在這些句子中指涉（Refer）的是不同層次的東西。我們的語言有許多奧妙之處，其中一項，就是它可以用在自己身上：你不但可以用語言來指涉非語言的人事物，你也可以用語言來指涉語言本身。例如：

小馬：喂，笨蛋！

老皮：啥咪？

小馬：我剛剛罵你「笨蛋」！

「笨蛋」這個詞，在上述對話裡出現了兩次，第一次出現，是小馬用它來指涉老皮（並藉此侮辱老皮），第二次出現，是小馬用「笨蛋」來解釋笨蛋本身。詞彙的這兩種用途完全不同，在語言哲學裡區分得很清楚，一個叫做使用（Use），一個叫做提及（Mention）。通常，詞彙是被「使用」來指涉、解釋它們平常意味的那些事物，如左圖中的1。然而，在我們需要的時候，我們就會「提及」詞彙，在這種情況下，這些詞彙就是用來說明自己，如圖中的2。

1. 使用 Use	2. 提及 Mention
喂，笨蛋！	他罵你「笨蛋」。
瓜仔在桌上公然猥褻。	瓜仔在桌上寫了「公然猥褻」四個字。
	瓜仔說：「公然猥褻。」

你可以發現，哲學家在提及詞彙的場合，習慣加上「」或“”，這能幫助讀者在結構複雜的論述裡辨認作者現在是在哪個層次上用這些詞彙。參照以上表格，你可以發現，有了語言哲學家提供的這套分類和定義，老師們就能輕鬆區分合格和不合格的造句。有了這條清楚界線之後，也能很簡單說明，為什麼以提及取代使用的萬能造句法不符合造句的要求。

造句是一種語言能力測驗，用來檢驗學生是否學會字詞的意思，並能運用在表達上。用萬能造句法造出來的句子，只能證明學生知道如何提及該字詞。然而，提及字詞是很簡單的技巧，你不需要學會字詞的意思，也可以隨便提及它。因此，造句是要求學生使用字詞，而不僅僅只是提及它們。

我有可能唸錯字嗎？

大毛：蜥蜴喜歡吃蛋餅，我來餵！

生物老師：你弄錯了，蜥蜴不吃那個啦！

大毛：蛤蠣。

國文老師：你弄錯了，要唸「隔離」，不是「葛力」。

聽起來生物老師和國文老師都用一貫「告知真理」的口氣在指正同學。但是，他們的這兩個忠告，有著哲學解釋上的差異。

讓我們先從簡單的事情開始。當生物老師說你搞錯了，他企圖告訴你的事情之一是，你相信了錯誤的事：你以為蜥蜴喜歡吃蛋餅，但是這與事實相反；此外，生物老師也暗示了一件重要的事情：你有理由不要餵蜥蜴吃蛋餅——因為蜥蜴喜歡吃蛋餅不是真的，事實上蜥蜴不吃蛋餅。所以，若秉持「蜥蜴喜歡吃蛋餅」這樣的想法行動，你只會浪費掉蛋餅。

不管我們從「是否符合事實」，還是從人「行動的理由」來分析，生物老師的說法都受到支持：

事實　「蜥蜴喜歡吃蛋餅」是錯的。

理由　因此，你沒有理由餵蜥蜴吃蛋餅。

然而，要用同樣的分析替國文老師的說法背

書，你很快就會遇到麻煩。

可以確定的是，國文老師糾正的是你的讀音：蛤蠣要唸成「隔離」，不是「葛力」。進一步想想，你會發現其中的問題比生物老師的問題複雜許多。首先，國文老師的說法符合事實嗎？**蛤蠣事實上的讀音到底是隔離還是葛力？**如果你去問國文老師他憑什麼要你選擇前者，他八成會說那是教育部的規定。但是，**一個詞事實上怎麼唸，教育部有權決定嗎？**

回想一下，關於蜥蜴的食性，並不是教育部說了算。為什麼討論到蛤蠣的讀音，我們就必須要聽教育部的話？或許有人會說，蜥蜴到底吃些什麼，端賴蜥蜴的生理構造，不是人決定的；但是蛤蠣是社群建構出來的語言，所以人當然有權決定它怎麼唸。

語言的讀音是語言使用者選擇的沒錯，但是，我身為中文的使用者，並沒有授權教育部替我決定蛤蠣要怎麼唸。根據我家巷口小吃攤老闆的說法，截至今天下午為止，葛力還是蛤蠣的通用唸法，而我們也有理由相信，除非外力介入，否則鄉民們的這個發音習慣不會忽然改變。在這種情況下，有多少平常依靠蛤蠣點餐和採買的人，會同意大家一起改唸隔離而不是葛力？又，如果大家都不同意這樣的改變，我們又憑什麼理由把蛤蠣唸成隔離？

事實　大家都把蛤蠣唸成葛力。

理由　我是來買蛤蠣湯的，不是要跟老闆上國文課。

教育部身為讀音權威的捍衛者，或許會主張自己有責任「保護語言不因大家任意的使用而崩解」，以此看來，我們似乎有理由順從教育部的規定：「如果大家都不依照相同規則使用語言，就無法溝通，所有需要合作的產業都要停擺了！」然而這種說法有點奇怪，在教育部更動蛤蠣的唸法之前，我們本來就從沒擔心過這個詞的溝通效果，反而是在國小學童乖乖遵守新的讀音教材後，夜市的蛤蠣湯老闆可能得面對「隔離湯？噢，葛力湯啦！」的困擾好一陣子。如此看來，在大家的語言環境中加入不穩定因素的人，反而是教育部。

語言的規則是由整個社群建構而成，不管是教育部還是研究古文的學者，都沒有權威替大家決定某個字以後要怎麼用、怎麼讀。但，這也不代表你身為中文社群的一分子，就可以隨意改變字的用法或讀音，除了其他人不見得會理你之外，這樣做，也會讓你陷入溝通不便的危險。

你當然有可能唸錯字。當你的讀音和多數人不一樣，並且因此讓別人聽不懂你在講什麼，你就是唸錯字了。但是這種錯誤是由整個社群決定，而不是教育部。事實上，對於那種「溝通不便的危險」最敏感的，應該是教育部自己，它得非常在意語言是否統一，因為基測和學測這類國家級的考試，都需要統一答案。基於公平，教育部必須讓全國的國文老師對於同一個詞的讀音有一樣說法。這種理由大家都可以理解，然而即便如此，根據前面的討論，教育部的讀音規定，依然必須和大多數人的實際用法一致，以免為社會帶來困擾。

因果關係的陷阱

總裁大熊正在考慮要不要執行某個開發案。據研究，這個開發案會嚴重破壞生態，但這不在大熊的考量之中，他只關心公司的利益。大熊仔細比對每一份資料，發現這個開發案根本賺不到錢，於是決定取消它。

問題：大熊是故意阻止生態遭到破壞的嗎？

你八成會覺得不是，因為敘述裡寫得很清楚，大熊不在意生態。然而，考慮另一則故事：

總裁大熊正在考慮要不要執行某個開發案。據研究，這個開發案會嚴重破壞生態，但這不在大熊的考量之中，他只關心公司的利益。大熊仔細比對每一份資料，發現這個開發案是隻金雞母，於是馬上召集團隊開始策劃。

問題：大熊是故意破壞生態的嗎？

根據耶魯大學的哲學家諾布（Joshua Knobe）在二〇〇三年的調查，認為大熊第二個例子裡是故意破壞生態的人數，遠超過第一個例子（當然，諾布在問卷裡用的字不是「故意」而是「Intentionally」）。★

這個現象引起哲學家的好奇：當大熊為了利益避免生態破壞，我們通常不認為這算是他故意保護生態，但是當大熊為了利益破壞生態，我們就比較傾向於覺得他是故意破壞生態，到底是什麼原因促成了這兩種判斷的不對稱？

在這裡，要了解「用詞差異」（以前例來說，「故意」一詞便引起兩種不同認知）背後的影響，得先稍微探討一下相關詞彙的功能。

「故意」常被用來當作評價的基礎。說某人是故意做某件事，通常表示他得為這件事的後果負責，例如因為那件事情的壞後果受到譴責或懲罰，或基於那件事情的好後果得到讚許或獎賞。在這兩個情境當中，我們判斷「出於利益行事」的大熊故意與否的差異，直接反映大家對於大熊行事的道德回應：

1. **大熊為了利益不破壞生態，這不算故意保護生態，同時不值得讚許。**
2. **大熊為了利益破壞生態，這算是故意破壞生態，理當譴責。**

這個哲學發現之所以重要，是因為它顯示了，人的道德互動會影響那些原本看起來跟道德無關的概念。我們原本以為「故意」這個詞的內涵很簡單：在知道後果的情況下依然去做，這就是故意。然而現在必須承認，要判斷別人是否故意行事，除了考慮當事人是否事先知情，也必須知道行事後果有什麼道德意義才行。另外還有一些其他看似和道德無關，卻也受到道德考慮影響的概念，除了故意之外，最常見的就是「原因」。

法官：所以這起車禍的原因是？

阿修：慣性定律。

法官：什麼？

阿修：要是慣性定律改變，車禍可能就不會發生了，不是嗎？

法官：你來亂的嗎？

顯然，若依照阿修的標準，車禍的原因還會包含重力定律、強核力定律等各種基本自然定律，說這些是車禍的原因，當然符合事實，但是它們都不會是法官想要的答案。當法官問車禍的原因，他想知道的是造成車禍的因素當中，那些值得譴責的人為原因，例如酒駕、超速、講電話等等。因此，阿修的「答非所問」自然讓人懷疑他是故意在找麻煩。

為什麼我們在車禍的脈絡裡探討原因時，會有這些不成文的規則？最直接的答案：與其說我們是在討論車禍的原因，不如說是在找尋究責對象。我們的目的，不是找出所有促成車禍的自然與人為因素，只是想找到該因此被懲罰或做出賠償的人。

沒錯，要是慣性定律改變，這次車禍可能就不會發生。但是我們沒有辦法藉法庭審判改變慣性定律，因此在法庭上說慣性定律是車禍的原因，雖然萬分正確，卻一點意義也沒有。對車禍事件來說，有意義的原因探討方式，通常會預設某些道德判準。例如，闖紅燈撞死行人的案例裡，我們不會說遵守交通規則的行人、塑料的保險桿是車禍致死的原因，雖然大家都可以同意：若行人當時不走上馬路、如果車廠用海綿來做保險桿，或許就不會有這起死亡車禍。在這種例子裡，我們更情願判斷闖紅燈的駕駛是車禍的原因，因為他違背了某些「為了避免車禍而訂定」的規則，因此更應該被究責。

當然，如果參與討論的人或脈絡改變，訴諸的原因也可能改變。在設計新車款的研討會中，若工程師們翻出舊有車款的意外紀錄，討論促成那些嚴重後果的原因，比起闖紅燈的駕駛，他們可能就對保險桿的硬度更有興趣。脈絡不同，篩選「恰當原因」的條件也不同。

這些微妙的差異雖然反映人們道德思考的特色，但也可能在討論中被用來偷渡不正確的結論。例如當軍人在烈日下受到過度懲教，熱衰竭死亡，軍方卻報告死因是中暑，這顯然是為了規避責任，試圖混淆不同的討論脈絡，就像闖紅燈的駕駛堅持車禍的原因是慣性一樣扯。

★ Knobe, Joshua. (2003). “Intentional Action in Folk Psychology: An Experimental Investigation”. *Philosophical Psychology*, 16, 309-324.

誰知道植物會不會痛？

大麥：你為什麼吃素？

來福：身為效益主義者，我要盡量避免世界上的痛苦。吃素是為了減少屠宰動物時產生的痛苦。

大麥：你知道植物也會痛嗎？

來福：什麼!?

大麥：尤其是蘿蔔和南瓜，它們被切塊之後還是有感覺，可以說都是活生生下鍋的。

植物會痛嗎？有些人對這個問題的反應可能是：「植物怎麼可能會痛!?」然而，你又怎麼知道植物不會痛？關於痛覺，我們最了解的，應該是自己發生的那些痛，接著，我們把類似判斷推廣到其他人身上，再推廣到其他和我們比較接近的動物身上——有毛皮、體溫、紅色血液和受痛時淒厲的叫聲。然後，我們開始考慮那些和我們比較不相似的動物，例如蜥蜴、龍蝦、蝸牛和蚊子，植物一般來說排得更後面，更不用說細菌了。

這樣的推廣方法，倚賴的是「受傷害時，有相似外在表現」。我們清楚知道「針刺」為身體帶來的痛楚和退縮反應，於是當被針刺到的蝸牛縮回殼裡，我們理所當然地認為，牠的行動顯示了針刺的痛苦。最極端的「心靈懷疑論」者*不會接受這種說法，如果動物神經科學可以完善解釋，受到針刺的蝸牛表皮是如何透過體內訊息系統，把命令傳送到肌肉，讓肌肉收縮，再把身體帶進殼裡，這些心靈懷疑論者會更有自信地說：「看吧，蝸牛的行動完全可以用化學反應解釋，這裡根本沒有痛苦！」

然而，這種說法的危機在於，它允許痛苦這個現象被「化學反應」的解釋排除，這樣一來，我們沒有理由不把同樣原則沿用到人類身上：若有朝一日我們也以皮膚表面受器、感覺神經、運動神經、肌肉之間的化學反應關係，對「為什麼受到針刺後人會抽手、大叫、臉部肌肉糾結成一團」做出完整說明，那麼下面這個生活化的解釋是否就該被排除：受到針刺後人會抽手、大叫、臉部肌肉糾結成一團，這是因為他感覺痛。

但，科學進展帶來的改變，或許根本不如心靈懷疑論者的預期；或許我們在徹底了解針刺和後續反應的因果關聯後，依然會保留「這是因為他感覺痛」的說法，因為這種關於人心的描述，已經是社會溝通的一部分。更何況，我們也不可能因為針刺帶來的後果已經完全可以被化學反應解釋，就認為隨便用針刺人像隨意切菜一樣被允許。

前面這種科學進展和日常討論不對稱的狀況，是基於我們直覺上，並不把痛苦這類心靈狀態當成科學研究的對象來理解，而是當成主觀的感覺：你的痛苦只有你自己觀察得到，科學家可以探測你的神經狀態，但是他看不到你的痛苦。你可以經由別人的表情感覺他很痛苦，但這只是一種同理心，即使經過「鏡像神經元」的作用，你也只是感受到你自己自動生成的痛苦，而不是對方的痛苦。心理狀態的這種主觀式理解行之有年，也是笛卡兒「心物二元論」（Mind-body dualism）的濫觴，但是對考察其他生物的心靈沒啥幫助。

讓我們考慮另一個討論痛覺的途徑。在認知上，痛覺代表的是危險，提醒我們遠離火苗和尖銳物品，若你相信現代科學，你會同意這種警戒系統不是憑空出現，而是經過幾千萬年的演化才形成。痛覺能被演化出來，代表它有協助主體（感受到痛覺的生物自己）躲避傷害的功能。但是，要有這樣的功能，並不能只是感覺到痛就行，主體還必須要能對痛覺做出反應。痛覺必須跟特定反應機制（例如能縮回的手、能把蝸牛拉回殼裡的肌肉）搭配，才會有演化優勢，因此反過來推論，我們可以說：若某個物種在演化途徑中，不曾擁有過阻止傷害的反應機制，那麼我們沒有理由認為它們有辦法感覺到痛。

什麼樣的物種，在演化途徑中不曾擁有過阻止傷害的反應機制呢？蘿蔔和南瓜。沒錯，蘿蔔和南瓜都有一些配備用來防禦傷害，例如表皮，但是這些配備都是常駐的，不需要「發動」，因此也不算是「預設能感應痛覺」的警戒系統。

事實上，從演化觀點來看，植物就算有感覺系統，這系統的發動方式，可能也跟我們想的不一樣。例如，所有有感知能力的動物都害怕肢體被切斷，但這不代表植物也會有一樣的趨向。因為肢體被切斷之於演化優勢的影響，對植物來說可能完全不一樣。肢體是動物賴以維生的工具，當它被切斷，會對生存造成很大威脅，更不用說是留下子嗣了。然而，對於不像動物那樣移動的植物來說，有時候反而需要借助動物切碎自己的肢體，把子嗣帶到更遠、更營養的地方，這就是為什麼有些植物特地演化出對動物來說很好吃的部位，並且把種子放在裡面。

我們能否從關於生物演化的研究找到支持上述

觀點的細節理據？我不確定，但無論如何，在經驗科學讓我們對生物越來越了解的現在，若要讓植物有無痛覺的討論獲得進展，我們必須要讓各類型的痛覺在概念上和當代科學有所關聯。

★那些認為世界上根本就沒有心靈這玩意，或者相信我們不需要預設心靈的存在，也能解釋一切現象的人。

不理性的禁令和後悔

婦女團體：大部分妓女都是基於淒慘的經濟處境，不得已只好進入性產業。在我們的調查中，多數性工作者承認：「當時若有更好的選擇，我不會選這個行業。」因此，為了保護這些人的權益，我們致力於抵制性工作。★

大毛：你是說，為了這些人的好處，你們要杜絕她們當時所能選擇的、最好的工作選項？

為什麼拯救別人的方法不是提供對方更好的選擇，而是把他現有的最好選項拿走？即使有些人因為社會結構必須選擇爛工作維生，我們該做的也該是改善社會結構，而非立法禁止人家做爛工作，不是嗎？想像一下：

大熊：念哲學真的超沒前景的啊，如果當初考得上法律系，我打死也不會填哲學！

學生權利組織：這些大學生當初大多是基於低落的級分，不得已只好進入哲學系。在我們的調查中，哲學系學生普遍表示：「當時若有更好的機會與選擇，我不會念哲學。」因此，我們致力於抵制哲學系學士班。

在哲學系教授們慶幸人們尚未把這類關照轉移到哲學系學生時，我們先退一步想想：有沒有更有道理的方式，可以解釋這種看起來怪怪的保護方案？

可能的切入點之一是，嚴肅看待那些「受害人」的自白：「雖然我們當時選擇進入這行業，但是我們現在都很後悔！」這種說法可能意味著——性工作就算在當初也不是最好的選擇，但基於經濟困窘、意志薄弱等因素，當事人不理性地選擇了對自己比較差的路來走，事後才後悔。為了避免將來位於類似處境的人像她們一樣，做出不理性的決定，我們必須用公權力禁止大家選那些選項。

在實務上，社會中確實有一些禁令背後的理由，可以被解釋成是要避免人做出不理性的選擇，例如毒品禁令、騎機車必須戴安全帽等規定。政府不許我吸毒，理由不僅僅是因為「我可能因為吸毒淪為犯罪者，對社會造成危害」，還包括「若沒有法律懲罰的威脅，在第一次吸毒之後，我可能受不了毒品的誘惑，而做出不理性的選擇，最後毀掉自己的人生」。同樣地，騎機車不戴安全帽並不會危害其他人，如果政府拿掉未戴安全帽車禍者的健保補助，沒戴安全帽甚至不會造成事後的社會成本，那麼，為什麼政府還要強迫人民戴安全帽騎車？最好的解釋，就是政府認為這能避免人民為貪圖一時方便，做出不理性的選擇。

當然，政府藉由禁令來避免人做不理性的事情，不代表政府就有權利那樣做。例如「自由放任主義」者可能會主張：政府只有基於為了避免其他人受傷的理由，才能限制人的自由，若行為的影響範圍僅限於自己，那麼，基於自主性的考量，政府應該讓每個人為自己負責。自由放任主義不認為「避免不理性」能當做行為管制的理由。但，就算自由放任主義是錯的，為了要讓人民做出理性的選擇而管制行為，也會遇到另一個麻煩：政府怎麼知道哪些行為算是不理性？

有些人認為「後悔」可以當做不理性的證據：如果那個選擇在當初那些選項中是你最可以接受的，你何必後悔？反過來說，如果你對過去的選擇後悔，表示你相信過去做了錯誤、不理性的選擇。這種說法不會太奇怪，但它很有可能是錯的，假想這樣的情況：

你拿著冰棒，讓大熊面臨兩個選擇——

1. 現在吃掉。
2. 把冰棒鎖在掛著自動定時器的冰櫃裡，兩小時後才能打開拿出來吃。

大熊說，靠你這不是玩我嘛！如果我選1，我一定會在兩小時後開始後悔不該那麼早吃掉冰棒；如果我選2，我一定會馬上開始後悔，不該選擇等兩個小時。

如果你認為「後悔代表不理性」，你就必須承認，在前述情況下，不管大熊怎麼選都不理性。但這個結論會侵犯我們對於理性的理解：「在現有選項當中選出對自己來說最好的。」理論上，不可能有那種你怎麼選都不理性的情境。如果你面前的選項有好有壞，那麼選擇好的選項可避免不理性；如果你面前的選項每個都差不多（就像大熊那樣），那代表選哪個都無所謂，這就更無所謂理不理性了。

大熊吃冰的故事告訴我們一件很寶貴，但跟冰棒無關的事，就是後悔跟理性的性質完全不同：你有可能面臨那種不管怎麼選都會讓你後悔的處境，但是在這種處境裡，理性可能反而是你最不用擔心的事情，因為當每個選項對你來說都一樣好，或者一樣糟糕，不管你怎麼選，都跟理性無關。

在這樣的理解下，我們可以進一步分析：有時候當人後悔，他不是在譴責過去的自己不理性，而是在怪罪「過去的自己」剝奪了「現在的自己」可以享有的機會。在這種情況下，後悔不會有指導效果。當你對過去的選擇後悔，不見得代表你當初不應該那樣選。

★改編自二〇〇九年六月十三日《蘋果日報》，紀惠容所撰〈我們反對性產業〉一文。

同志天生

小白：同性戀當然不是天生的，如果同性戀是天生的，同性戀基因早就滅絕了，因為他們不生小孩。

同性戀傾向是否純然由基因控制，這是生物學問題。不過批判思考的美妙之處，就是它讓你可以用常識來初步檢驗論點。小白的說法是錯的，首先，同性戀不是不孕症，他們在性生活的表現，只是不喜歡跟異性做愛，但硬要做的話還是生得出小孩。我相信就算在現代，仍然有許多受控於傳統規約的同性戀者必須面對這種命運：為了不受排擠，他們只好在社會中隱藏性向，建立「正常」家庭，生育並扶養小孩。再來，就算同性戀是天生的，也有可能是來自類似隱性基因的遺傳機制，這種遺傳設定讓（有同性戀基因的）異性戀可以生下同性戀。

同性戀是否天生，這個議題受到許多有關同志權益、措施的社會討論關注。有一些組織聲稱同性戀是後天的不良習慣或疾病，並且可以藉由宗教活動治癒，例如「走出埃及輔導協會」。

就算技術上可行，同性戀是否就需要被「治癒」？這關係到社會、自主和道德討論。不過不管如何，走出埃及的基本想法之一是：因為同志傾向是後天養成的，不是先天的，所以治癒同志成為可能。順著這脈絡你可以想見，此爭議中，為同志辯護的眾多說法裡，也不乏強調「同志先天，因此無法治癒」的人。

這種說法聽起來很合理，並且也有道德基礎：如果同性戀傾向不可能改變，那麼就算同性戀是罪惡或魔鬼的誘惑，那些不幸的當事人也沒有責任改變它，因為沒有人有責任做自己不可能辦到的事情。

然而問題是，就算性傾向天生，這真的就代表它無法被改變嗎？現代科學家大多相信大腦的內部狀態決定了人的個性、喜好和想法。但，這也表示，只要對大腦做夠精細的調整，讓人轉而對另外一個性別產生性慾，或附帶其他更完整的情愛反應，都是可能的事情。這種以先進技術改變天生條件的例子，並不僅僅只是未來科學的幻想。

人天生有兩顆腎，但是在現在我們就已經有辦法摘掉其中一顆拿去救人。裝備了現代科學的人類，除了無法對抗邏輯和自然定律之外，有潛力改變任何事情。然而，若天生的東西依然有可能改變，那當我們說某人的某特質是天生的，這是什麼意思？比較一下一般所指天生和非天生的特質：

天生	腎臟的數量、髮色、紅血球形狀
非天生	個性、興趣、慣用的語言

整理下來，兩種類別之間的差異很明顯。簡單地說，跟腎臟的數量、髮色和紅血球形狀比起來，要改變個性、興趣或慣用的語言，是相對容易，不需要透過特定科技手段。因此，天生的意思比起「不可能改變」，應該更接近「無法藉由比較自然、不震撼、不侵入的方法改變」。

事實上，天生本來就應該包含「可能被改變」

的意思。因為那些真的不可能改變的東西，反而不會被說是天生的。除非是想搞笑，否則我們通常不會這樣說：

我天生二月生日。

我天生是朱元璋的後代。

我天生就是因為保險套破掉不小心受孕的。

回到走出埃及的討論裡，在這種意義下，那些主張性傾向天生的人的說法應該是：除非被人打藥、洗腦，不然一個同性戀不會好端端的忽然轉性，而異性戀也一樣。這種說法完全肯定性傾向能被強制改變的可能性。但就算如此，那些進行同性戀治癒的組織，不見得就有好理由繼續行動——可以改變並不代表這些改變的代價不痛不癢。我們不時可以聽聞某些同性戀在接受宗教治療之後，反而出現劇烈的身心反彈症狀，生活陷入不幸，甚至自殺。在這些考慮之下，就算同性戀真如同宗教人士所說是不自然甚至有罪惡的，同志也不見得就有責任要接受這些代價，以及風險嚴重的治療。

就結果而論，前面對天生的分析呈現出，走出埃及這類同性戀治療當中重要的疑慮：人類這麼厲害，要改變性向八成也是做得到的，但是就算做得到也不代表你該這樣做，因為重點是，當事人是否有義務接受這些療程帶來的風險。

第六章
上帝比較討厭科學家還是哲學家？
——神聖概念大挑戰

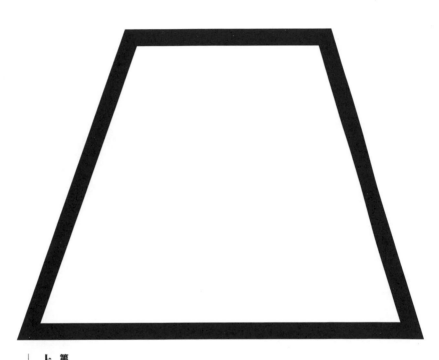

帕斯卡的賭注

關於上帝存在與否，市面上永遠有眾多說法，而這些辯論中最少見到的，就是有人被說服，然後改變立場。除了參與這場麻煩又沒有效率的混戰，難道就沒有更方便的解決辦法嗎？帕斯卡（Blaise Pascal）認為，該不該相信上帝存在，可以完全藉由「風險的計算」解決，我們不需要進行關於上帝存在或不存在的瑣碎辯論，只要你考慮上帝存在和不存在這兩種情況，並且把相信跟不相信上帝各自帶來的後果攤開來比較，最好的選項就一目了然：

	信上帝	不信上帝
上帝存在	獎賞	懲罰
上帝不存在	沒事	沒事

如果上帝存在而我信上帝，那麼我會受到獎賞，如果上帝不存在而我信上帝，什麼事情都不會發生；如果上帝存在而我不信上帝，那麼我受到懲罰，如果上帝不存在而我不信上帝，什麼事情都不會發生。由此可知，信上帝的人要嘛受到獎賞，要嘛沒事，而不信上帝的人要嘛受罰要嘛沒事，怎麼看都是信上帝比較好。

如果帕斯卡是對的，那麼我們的宗教抉擇就會輕鬆許多。不過這個論證有多重致命缺陷。

首先，雖然帕斯卡的設想看起來很周全，但其實並沒有窮盡所有可能。例如「厭惡虔誠信徒」的惡魔有沒有可能存在，或會不會有「喜愛無神論者」的神？一旦我們把這些考慮進去，風險的勝負很容易就會變得完全相反：

	信上帝	不信上帝
上帝存在	獎賞	懲罰
上帝不存在	沒事	沒事
喜愛無神論者的神存在	懲罰	獎賞
喜愛無神論者的神不存在	沒事	沒事
討厭虔誠信徒的惡魔存在	懲罰	沒事
討厭虔誠信徒的惡魔不存在	沒事	沒事

你可能覺得「喜愛無神論者的神」和「厭惡虔誠信徒的惡魔」有點扯，不太像是一般需要考慮的可能情況。但至少我們都會同意，若要讓整個考慮周全，我們不能忽略世界上其他宗教成真的可能性：

	信上帝	信真神	燒香修行
基督教成真	獎賞	懲罰	懲罰
回教成真	地獄	天堂	地獄
台灣傳統宗教成真	孤魂野鬼	孤魂野鬼	輪迴

許多宗教的教義有排他性，你不可能同時對基督教和回教虔誠；而這些宗教對異教徒的懲罰條款，則讓那些把宗教當做重要人生抉擇的人，面對真正嚴酷的賭注，而不是帕斯卡設想的那個必勝局面。

退一步來說，就算我們不考慮其他情況，帕斯卡的算盤也未必會帶給你好下場，想想看，上帝真的會希望，你因為覺得「這樣最划算」所以信仰祂嗎？

有些人會在第一次進駐飯店房間時跟「好兄弟」打聲招呼，或者聽從風水師和算命先生的建議，重新規劃客廳的擺設或改名字。他們或許也不是完全相信那些超自然說法，只是「寧可信其有，不可信其無」。了解帕斯卡的錯誤之後，我們也可以很容易想到這些做法的問題。以進駐飯店為例，我們可能認為打聲招呼無傷大雅，即使好兄弟不存在，自己也沒有損失。但是，我們怎麼知道房間裡不會剛好盤據著超級討厭別人跟它打招呼的好兄弟，在你打完招呼之後反而開始做惡？

不論是宗教的選擇，還是關於迴避陰物、依循風水和算命建議的選擇，「寧可信其有，不可信其無」這種帕斯卡式的策略都不會是好辦法。要知道怎麼選最好？我們永遠都無法迴避，關於那些說法、內容是否為真的討論。

上帝的手工水餃難題

牧師：上帝是全能的，不管什麼事情，上帝都辦得到。

喬：那上帝可以憑空造出石頭嗎？

牧師：當然。

喬：不管多重的石頭都行嗎？

牧師：當然。

喬：那重到連上帝自己都舉不起來的石頭呢？上帝造得出來嗎？

牧師：當然。

喬：那不就代表，當石頭重到一個程度，上帝就舉不起來了嗎？

牧師：不，上帝可以舉起任何石頭。

喬：那剛剛說的那個呢？上帝憑空造出他自己舉不起來的石頭？

牧師：上帝可以造出那樣的石頭，但是祂不會造。所以不會遇到舉不起來的問題。

「上帝能不能憑空造出自己舉不起來的石頭？」是對基督教教義提出的古老挑戰。根據《聖經》，上帝是全能的，大部分人相信，這就代表上帝不管什麼事情都辦得到。若是如此，造出自己舉不起來的石頭應該也是舉手之勞，而「有一些石頭，上帝舉不起來」的結論，也將打蛇隨棍上。

「上帝又沒有笨到會自己造一個舉不起來的東西，所以那樣的石頭不會存在啦，安心！」這樣的回答不是好回應，因為若上帝是全能的，祂不但要能搞定任何實際面臨的困境，也必須要能夠搞定所有想像得到的困境。

喬：上帝可以擋下核彈嗎？

牧師：當然。

喬：那上帝可以擋下「新阿姆斯特朗旋風噴射阿姆斯特朗砲」嗎？★

牧師：那個砲不存在，所以不會有能不能擋下來的問題。

相信上帝的人，其實有很方便的方法可以回應石頭的困境，並保留上帝的神聖性。他們只要承認「全能」並不是指什麼都辦得到，而是指「只要不造成矛盾，什麼都辦得到」就好了。既然上帝是全能的，什麼石頭都舉得起來，那麼「上帝舉不起來的石頭」就是一個矛盾的概念，在這樣的情況下，就算上帝造不出這樣的石頭，也沒有什麼大不了的，這就跟上帝沒辦法讓「一加一等於三」一樣。

反過來說，認為上帝真的什麼事情都辦得到的人，遲早會發現這種堅持不對勁。

喬：好吧……

喬：那上帝能憑空變出手工水餃嗎？

牧師：當然，祂一彈手指就可以變出一盤。

喬：但是手工水餃必須是用手包的吧？

彈手指變出來的水餃，不可能會是手工水餃。當然，上帝可以先把絞肉、高麗菜和麵皮變出來，再親手包。這樣做確實誠意滿分，但如此一來，那盤水餃還能算是憑空變出來的嗎？要上帝憑空變出手工水餃，這個任務的奧妙之處，其實跟變出上帝自己舉不起來的石頭一樣，會引發矛盾因此註定不可能完成。

「上帝能變出自己舉不起來的石頭嗎？」這個古老問題的意涵其實相當簡單：所有相信上帝的人都主張上帝是全能的，但是，「全能」的意思到底是什麼？「全能」包含能夠做出違反物理定律，甚至邏輯的事情嗎？

一種常見回應是，人們以為不可能的任務，其實上帝都可以做到，因為身為絕對的存在，上帝不僅可以做出超脫物理定律的事情，也不受邏輯限制。

牧師：是的，被憑空變出的手工水餃是邏輯上的矛盾概念，但是上帝當然可以憑空變出手工水餃，邏輯無法束縛上帝！

不過，這種立場的危險在於，目前除了上帝之外，我們尚未發現其他不受邏輯限制的東西，無前例可循，因此，大家都不知道當一個東西不受邏輯限制會有什麼結果。

喬：原來如此，所以上帝就是一個很厲害的章魚燒妖怪，祂可以憑空變出自己舉不起來的石頭和手工水餃。

牧師：什……什麼？

喬：章魚燒妖怪。

牧師：《聖經》上說上帝是聖父聖子聖靈一體的存在，不是什麼章魚燒妖怪。

喬：上帝不是不受邏輯規則限制嗎？為什麼祂不能同時是章魚燒妖怪？

如此看來，把上帝當做擁有和邏輯一致的「合理的全能」，確實是比較好的做法。當然，虔誠的信仰者可能會擔憂，這樣做會不會減損了上帝的威能，讓祂從「什麼事情都辦得到」變成「所有不矛盾的事情都辦得到」。事實上我們不需要這樣杞人憂天，因為真正偉大的神蹟，都是不矛盾的，例如創造世界、復活耶穌、分開紅海。想想看，上帝都可以做到這些偉大的事情了，你真的在乎祂有沒有本事憑空創造手工水餃嗎？

★動畫《銀魂》三十八集，超好笑。

宇宙微調論證

有些人相信上帝存在，因為若不是這樣，他沒有辦法解釋自己的某些奇特經歷，例如禱告之後腦瘤痊癒。「這麼扯的事情竟然會發生，這只能用神蹟來解釋！」許多人使用這種「奇蹟論證」來建立支持上帝存在的主張，這些主張的不同之處，大致在於它們訴諸不同的神蹟。智慧設計論（Intelligent design）相信萬物是神創的，因為他們不認為地球上那些擁有各種奇怪、精細器官的動植物，能夠經由巧合自己蹦出來。而宇宙微調論證（Fine-tuning argument）討論的神蹟，就是我們這個宇宙的自然定律。

在邏輯上，宇宙事實上的自然規律，不需要是自然規律唯一可能具有的形式，例如說，我們可以輕易設想：在另一個世界，那裡的萬有引力是這裡的1.3倍、質子的大小則縮水25％等等。當然，因為基本的自然定律跟我們這裡不太一樣，所以那世界的面貌可能也和這個世界截然不同，例如在那個世界水可能比較容易被加熱，但不容易蒸發。

事實上，科學家相信，因為世界的因果作用是來自許多基本定律互相加成，基本定律的任何微小更動，都可能導致世界的劇烈變化，例如說，在重力增加0.3倍的世界，因為粒子之間的吸引力太強，說不定根本無法形成可以運動的細胞。換句話說，在那樣的世界也許無法存在我們現在這樣的生命。

我們可以任意假想無限種自然定律的不同組合，然而，其中有幾種能夠支持生命形成？有一些科學家認為，很少。對於他們來說，這個宇宙的自然律被「微調」得剛剛好，不多不少可以讓我們這樣的生命存在，這根本是奇蹟。有些人認為，這樣的奇蹟，剛好證明了上帝的存在：

宇宙微調論證

1. 自然律中的常數可以有很多種變化和組合的版本，在那之中，剛好能夠支持生命。形成版本的數量所占比例超級小。
2. 我們所處的宇宙剛好就是這屈指可數的幾個版本之一，為什麼這麼剛好？這個現象需要解釋。
3. 最好的解釋就是：這個宇宙是上帝創造的。

跟其他說法比起來，宇宙微調論證有一些優勢。首先，宇宙的規律是大部分人的共識，不像個人神祕經驗那樣，會有限於主觀或難以舉證的問題。再來，宇宙的規律也不太可能像世界上各種生物的精巧構造那樣，可藉演化說明。說到底，演化所需的生物化學程序，應該也是奠基在宇宙的基本規律上才對。然而，這不代表大家都應該接受宇宙微調論證，而相信上帝存在。有些質疑來自科學界，例如：

1. 考慮到多重宇宙的存在，有一兩個宇宙剛好適合容納生命，不是什麼了不起的事情。
2. 要「製造」能夠支持生命存在的自然律組合，並非微調論者想的那麼困難，尤其當我們以電腦模擬，同時改變自然律中的好幾個常數，創造出允許生命存在宇宙的機率，並沒有那麼低。

3. 我們可以設想與現在的宇宙規律不同的律則，也可以設想與現在的生命形式不同的生命，它們或許在截然不同的宇宙依然可以形成。★

這些科學式的回應，強調我們有辦法搞定宇宙微調論證提出的疑惑：為什麼我們剛好生活在這個擁有貼心物理律則的宇宙？然而，就算不由此出發，我們也有理由質疑，宇宙微調論證是不是真的能證明上帝存在？宇宙微調論證需要的只是一個「超級厲害，能設計出適合生命存在的宇宙律則」的創作者，這個傢伙並非一定得是《聖經》記載的上帝，它有可能是撒旦、保生大帝甚至外星人。

重要的是，要支持上帝存在，我們提出的理由，不但必須是關於一個超級厲害，能夠左右人類生存、宇宙規則的傢伙，他還必須跟《聖經》記載的「聖父、聖子、聖靈」是同一個東西，並且具有當代相關教義描述的那些特徵，例如全知、全能、全善。有時候我們會忘記這一點，以為自己的論述可以用來支持或否定上帝的存在，其實不行。

★二〇一〇年二月的《科學人》有專欄討論這個說法。

完美的上帝的論證

完美論證

1. 根據定義，上帝是完美的東西。
2. 對於完美的東西來說，若它不存在，那麼它就不夠完美。
3. 如果上帝不存在，祂就不會是完美的東西。
4. 所以上帝存在。

這個超靠北的論證改編自十一世紀教士安瑟姆（Anselm of Canterbury）提出的本體論論證（Ontological argument）。它的特色是輕薄短小但功能強大：常識等級的前提的推論，哥吉拉等級的結論。

不相信世上有神的人，面對「完美論證」，難免會有「這就是玩弄邏輯的謬論啊！」的感覺。但如果你因此直接否定、不再思考它，那就太可惜了。因為在這種情況下，雖然你相信它有錯，但並不見得真的知道它為何錯、錯在哪。

「這個論證的前提是，上帝是完美的東西，但這是誤會啦，根據《聖經》……」也不是好答案。若你不同意對方對上帝的定義，對方只要退一步表示彼此討論的東西不同，而他的「完美的上帝」依然可以適用於他的論證。

另外一些人可能想用歸謬法反駁：如果你可以把上帝定義成完美的東西，藉此證明上帝存在，那我們也可以做一樣的事情啊。我們可以定義完美的小學（所有小孩都每次都考一百分）、完美的車輪餅（吃都吃不完）、完美的富堅義博（讓《獵人》完結在「貪婪之島」篇），並且用一模一樣的方法，來論證這些東西統統都存在。這些結論明顯太荒謬了，足以見得完美論證的證明方式有問題。

這個歸謬法很難反駁，可以讓你在爭論的時候講話非常大聲。不過其實它在知識上的功能很有限：它讓我們知道，完美論證的問題是出在它獨有的證明方法，但是並沒有指出，那個證明方法到底是哪裡錯了。這就像餵狗吃毒餌可以讓我們知道餌有毒，但我們不會因此自動知道是餌裡什麼成分有毒，更不用說如何解毒了。

在十八世紀，康德提出一套關於存在和性質的分析，說明為什麼完美論證這樣的說法沒有證明力。不幸的是這套說明預設許多哲學觀念，就和康德的哲學一樣，對一般人來說有點複雜。下面我們試著換個角度，來理解完美論證的結構。

完美論證的前提之一是：對於完美的東西來說，若它不存在，那麼它就不夠完美。這個想法看起來滿有道理的，事實上，不只是完美的東西，對於任何好東西，我們似乎都會認為，要是它存在的話，就更完美了。例如：

大熊：VS（Virtual station）是PS（Play station）的後繼機種，它可以提供超級逼真的遊戲體驗，是所有遊戲宅宅的夢想。

大熊：不過美中不足的是，它還沒被開發出來，八字都沒一撇。

大熊看起來像是在說：實際存在的VS，比想像中的它更完美。不過其實這是錯的，想像中的VS應該要和實際上的VS有一模一樣的性質，包括外型、性能等等，否則你就不算是在想像VS，而是在「想像某個和VS很像的東西」。當然，若VS實際存在，確實會有一些東西因此變得更完美，但這些因此變完美的東西並不是VS本身，而是那些可以玩VS的人的生命。同樣的道理：對於完美的東西來說，**若它不存在，那麼它就不夠完美**。這句話其實是在說——**假如A**（完美的東西）**不存在，比起A存在時，大家的生命會更不完美。**

會因為完美的東西存在與否而增減美好的，並不是完美的東西本身，而是可望因此雨露均沾的大家。由此看來，既然一個東西的存在與否，不會影響它完美的程度，那麼，即便上帝根據定義是完美的東西，也不代表祂就一定存在。

上帝很Nice的，這一定是有什麼誤會

邪惡論證是常見的反上帝論證，其基本的想法是：如果威力無窮且和藹可親的上帝存在，何以世界存在這麼多邪惡與苦難？歷史上，帶有邪惡論證色彩的懷疑論，最早可以追溯至古美索不達米亞和古希臘的手抄本。兩千年過去了，我們可以把更精練的論證表達成這樣：

邪惡苦難論證

1. 上帝是全知、全能、全善的。
2. 上帝是全知的，所以祂知道所有的邪惡苦難的存在。
3. 上帝是全能的，所以只要祂願意，祂就能夠避免和消除那些邪惡苦難。
4. 上帝是全善的，所以祂會選擇避免或消除邪惡苦難。
5. 但是世界上還是有很多邪惡苦難。
6. 所以上帝要嘛不是全知，要嘛不是全善，要嘛不是全能的。
7. 全知、全善且全能的上帝不存在。

這個論證，逼迫人們放棄全知、全能、全善同時存在於上帝的可能性：為了解釋邪惡苦難的存在，我們必須承認上帝要嘛不知道它們的存在，要嘛沒有能力阻止，不然就是沒有好心到願意為這世界出手。不管如何，這論證的結論都與《聖經》牴觸，也因此引來眾多批評。

一個常見的反駁指出5是錯的。因為邪惡與苦難不存在，存在的只是良善與福祉，當我們描述某狀況為邪惡或苦難，其實是在說這個狀況缺乏良善、缺乏福祉。不過老實說這個回應沒有什麼用，因為它只是在建議我們換一套說法來講同樣的論證：這世界上有很多良善和福祉的缺乏，而全知全能全善的神不會允許如此的缺乏……

另外一些反駁者強調邪惡存在的必要：若我們沒有體驗過邪惡，就沒有辦法認識良善。有時候，這些人會講得更極端，主張如果邪惡不存在，良善也不會存在。這種想法背後的結構大致上是：良善需要邪惡。良善是有價值的，為了促進良善的存在，我們必須保留邪惡。

在這種情況下，當上帝默許某些邪惡苦難的存在，祂事實上是為了我們好。如果你可以接受「有邪惡才有良善」這種想法，或許就會覺得這種說法滿有吸引力的。然而，我們必須注意到，上帝默許的那些邪惡苦難（納粹、南京大屠殺、車諾比核災、南亞海嘯……）帶來的痛苦，可能遠遠超過你願意用「對於良善的體會」去換的程度。例如說，如果要我選，我就寧願活在一個沒有什麼大良大善，但是也沒有那些苦難的世界。退一步來講，就算體會良善對人類來說非常重要，全能的上帝難不成非得借助邪惡苦難才辦得到嗎？

遇到這些詰問，反駁者可能會進一步指出，身而為人最寶貴的東西之一是自由意志，為了保護人的自由意志，對上帝來說，可行的選項其實不多。例如，當初上帝當然可以彈一下手指，就讓掌權者變成大好人，阻止許多歷史悲劇，但是若是如此，這些直接被上帝操縱的人，就沒有自由意志可言：他們在當時做的那些「正確」的事情，並不是他們自己選擇去做的。因此，為了讓人類真的自己做出選擇，並且承擔後果和過錯，上帝有時必須放任。

當然，我們還是可以對這個補充問類似的問題：

1. 為了保有少數人的自由意志，放任歷史上那些大規模的邪惡苦難，這是否划算？
2. 上帝不是全能的嗎？為什麼祂找不到兼顧自由意志又可以阻止苦難的方法？

不過，對邪惡苦難論證的支持者來說，另一常用策略是訴諸「無謂的邪惡苦難」：

小鹿斑比

一道閃電打下引起森林大火，小鹿斑比和牠的無辜動物好夥伴一一慘死。一個月後探險家第一次發現這個地方，整座山已經只剩灰燼。

沒有人知道小鹿斑比的森林，更不知道該場森林大火，因此也無從預防、協助。在道德意義上，這個例子裡的動物們可以說是完全白白死去。牠們的大規模死亡並沒有特別為人帶來什麼教訓，也不是為了保護某些人的自由意志。這時，邪惡苦難論證捲土重來：如果上帝真是全知全善全能，為什麼會允許這類無謂（沒有道德意義）的邪惡苦難存在？

面對這最終的挑戰，有一些人訴諸神祕主義，他們會說，這場森林大火並非無謂的邪惡苦難。事實上，根本沒有無謂的邪惡苦難，因為上帝做的每件事情都一定有好理由。只不過我們太愚昧，無法了解祂的思維和目的。

這個說法確實可以很有效率結束話題。因為，當爭論進展到有一方提出神祕主義，通常就沒有什麼好討論的了。然而我們必須注意的是，神祕主義常常是雙面刃。比如在這個例子裡，如果你真的認為上帝的想法不是人可以理解的，那麼，你憑什麼認為你看得懂《聖經》裡對生活紀律和價值觀的教誨？

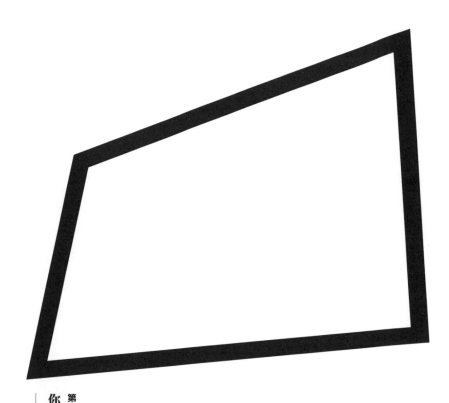

第七章

你以為自己終於弄懂哲學了？

——經典論證思考

笛卡兒的駭客任務

電影《駭客任務》之所以引人入勝，其中一部分來自於它的聳動設定：人類自以為生活其中的世界其實不存在，實際的處境是在一柱柱黑色巨塔中，密密麻麻的培養槽裡。統治地球的機器將調整精密的神經訊號灌入大腦，讓我們以為自己生活在正常的世界。

除了夾鼻墨鏡很帥之外，若要說《駭客任務》給了我們什麼啟示，應該就是：我們的感官經驗不怎麼可靠，我們所經驗到的世界，跟世界真實的樣子比起來，別說一樣了，可能連相似都談不上。懷疑論者會對這個心得很有共鳴，因為對「人類依賴經驗等途徑所獲得的知識」挑毛病，就是他們的職責所在。事實上，極端的懷疑論者比《駭客任務》想得更深入，對他們來說，不僅僅外在世界的樣貌是可懷疑的，甚至連我們自己是否存在都無法確定。

所幸，笛卡兒早就在十七世紀趕來救援，破解了這個窘況。

笛卡兒是做數學出身的，數學對他而言是很「乾淨」的系統：所有的數學定理，最終都穩固地建立在幾個簡單定義上。或許是這種要求穩定的知識品味延燒到哲學上，當笛卡兒思考起那些「我們深信存在」的東西到底真實與否時，他也企圖尋找一個能撐起整座知識體系的穩固支點。

為了測試自己擁有的知識是否真的可靠，笛卡兒卯起來給它最極端的考驗：

我真的坐在我最喜歡的搖椅上，享受壁爐火光傳來的溫暖嗎？或者，我其實活在力量強大的惡魔控制之下，一切我以為的真實，都是惡魔製造給我的幻覺？

這個惡魔情境，基本上和《駭客任務》是一樣的。你可以看得出，笛卡兒對於知識的要求是如此嚴苛。若你可以對某件事有一絲懷疑，或者，若你可以設想某件事情其實跟事實相悖，那麼，你對那件事情的掌握就無法通過笛卡兒的考驗、無法被稱為知識。

另一件你可以看出的事情是，這種堅持讓笛卡兒很苦惱。這很容易理解，就算你是瘋狂哲學家，你大概也不會喜歡那種發現自己認識的一切皆是虛幻的感覺。然而，最後笛卡兒還是找到了他的第一個知識基礎：自我。笛卡兒的思路差不多長這樣：

1. 最糟的情況：我被惡魔欺騙，在惡魔的幻術之下，我感知的一切都不可靠。
2. 然而，欺騙是騙與被騙之間的關係，一場騙局要成立，不但需要有騙子，也必須要有人被騙才行。
3. 因此，就算在這最糟的情況下，我自己還是存在，因為，若我不存在，不管惡魔再怎麼厲害，他也無法欺騙我。

笛卡兒主張在最嚴苛的挑戰下，我們至少還是對一件事情握有穩固的知識：自我的存在。笛卡兒關於自我存在的論證，除了上述的惡魔版本之外，還有一個更有名的版本：

夢境論證

1. 我可以合理懷疑外在世界是否存在，因為我可以合理設想：外在世界不存在，我的感官經驗都是幻覺。

2. 不過，我無法合理設想或懷疑我自己不存在，因為設想和懷疑都需要主體，如果我不存在，是誰在設想和懷疑？

3. 所以，我一定存在。

這段推論，就是名句「我思故我在」的由來。「我思故我在」是很標準的形上學論證：我正在思考（懷疑），而思考需要依賴主體來運作，所以我（主體）一定存在。事實上，在笛卡兒的論證中，你可以任意把思考換成「哀傷」、「歡愉」、「高潮」或「憤怒」，這些事件都一樣需要主體，因此也都可以用來證明自我的存在。

坊間流傳有一些說法，把「我思故我在」拿來為思考的價值背書：思考使得我存在，所以未經反思的生命不值得存在。經過上述討論，我們有理由相信那是以訛傳訛，並非笛卡兒本意。

雷修斯的船

媽媽：怎樣，哲學系好玩嗎？

小咪：好玩，我們這學期討論「什麼時候兩個東西會是同一個東西」！

媽媽：什麼？

雷修斯的船（The ship of Theseus）是討論跨時間等同問題（The problem of identity through time）的老梗例子：

為了保持航行的品質和安全，雷修斯的船自出廠後每個月都會整修，把雖堪用但已老舊的零件換成一模一樣的新品。十五年過去，老師傅檢查維修清單，發現船上的每一個零件都換過了。換句話說，這時候的船身上已經找不到任何一個剛出廠時所擁有的零件了。十五年後的雷修斯號和剛出廠的雷修斯號，**是同一艘船嗎**？

船公司進行展覽，希望能把雷修斯號放在倉庫展現氣派。因為沒有任何交通工具能陸運這麼大一艘船，老師傅決定分解它，將零件一批一批運送到倉庫，再依照原來的樣子組裝起來。

重新組裝起來的雷修斯號，和分解之前的雷修斯號是**同一艘船嗎**？

對於上面兩個問題，我想大部分的人的直覺，大概都會認同是同一艘船。雖然我們可能沒有理論說明「物體何以能在經過持續替換，以及分解重組之後，繼續保有同一性」，但起碼我們的直覺都和諧一致，沒有構成矛盾。然而，看看下面這個狀況：

> 十五年來，惜物的老師傅把雷修斯號每次維修換下的舊零件都堆到倉庫。最後，他發現倉庫裡的舊零件已經累積得足夠組合成一艘船，就決定把晚上看《包青天》的時間省下來玩拼拼看。幾個月後，老師傅的船塢裡出現了一艘陳舊的船，所有零件的組合和排列都跟剛出廠時的雷修斯號一模一樣。

這艘船跟正在參加展覽的雷修斯號是同一艘船嗎？如果是的話，何以同一艘船能同時出現在不同的地方？

如果不是的話，哪一艘雷修斯號才是最初出廠的那一艘雷修斯號？老師傅用船塢裡用舊零件重新拼成的這一艘，還是展覽中的那一艘？

把東西零件換掉的經驗，每個人都有過。你的印表機換了碳粉匣之後依然是你的印表機，如果不是因為「計畫性汰舊」*，你家遲早會有一台每個零件都跟出廠時不同的老爺車。更不要說你的身體細胞也大多有更新周期，舊的會死去，新的會分裂出來。然而，雷修斯號的例子最聰明的地方，就是它逼迫你在兩艘船之間做選擇：到底哪一艘才是原來那一艘？

這類刁鑽的問題，逼迫形上學家給出各種充滿創意的「同一性理論」，例如其中一種建議我們，把世界上的所有東西，都視為存在於空間和時間之間的四維度蠕蟲★★，如此一來，同一種東西可以在不同的時間由不同的原料組成。雖然它們真的很有意思，不過我不打算詳細敘述那些理論，這次，我想用非常一般人的看法來面對這個經典問題。

一般人看到雷修斯號的故事，會有什麼感想？除了有些人可能覺得有點煩之外，我想最可能的反應應該是：喔，所以咧？這干我屁事？

值得注意的是，這種反應雖然沒禮貌，但卻於理有據。假設你是船公司老闆，我是船塢裡的老師傅，這些同一性問題的答案，似乎還真的不干我們屁事：十五年前出廠的那艘船是老闆的、現在展覽中的那艘也是老闆的，既然我們說好了維修汰換的舊材料由我處理，那船塢裡那艘舊舊的船就為我（老師傅）所有。至於十五年前那艘船如今到底是成為你那艘還是我這艘，在我們報考哲學系之前，似乎都不需要考慮。

即使是對最在意十五年前那艘船的人來說，這跨越十五年的同一性也不見得是重要考量。想像這個例子：

當初雷修斯號出廠時，觀禮的群眾當中有個年輕小伙子瞪大眼睛，深深被眼前龐然巨物的霸氣震懾。十五年過去，他成為世界知名的船艦設計師，並出現在你我面前，表明他想再親眼看看「當初讓他立定志向的**那艘雄偉艦艇**」。

我的朋友，我們該讓他看哪艘船？正在公開展覽的那艘，還是停在船塢那艘？比較負責任的方法，我相信，應該是把整個故事講給他聽，並且讓他自己決定要瞻仰哪一艘。天曉得，或許他會想兩艘都看看，畢竟其中一艘繼承了雷修斯十五年來的名諱，另一艘則繼承了當初所有物材。

或許他會從其中一艘得到恍如時光回溯的衝擊，而另一艘，則可以給他萬物皆會老去的體驗。我們可能很難判斷哪艘船是「那一艘」，但重要的是，不管這個要求瞻仰艦艇的設計師想要的是哪一種體驗，我們都可以藉由溝通釐清，並提供令人滿意的選擇。在這個非常實務的決策中，船的同一性並非關鍵。

同一性是非常值得研究的形上學問題，但並不是每個這種等級的哲學問題都很深奧難解：某個做古物維護工作的朋友告訴我，有時候，那些古董經過長期的整修和復原，最後只剩下一小塊是真正當時的材質，剩下的部分嚴格說來都是「仿作」。如果有小偷剛好把那一塊摳掉帶走，那麼整份古物就從真品變成偽品。形上學對同一性的研究是重要的，但在日常生活中，有一些判斷看似關於同一性，其實是建立在更瑣碎的價值選擇上。

★商人的陰謀——藉由增加產品更新頻率，降低壽命並提高維修價格，讓消費者以購入新品取代維修。

★★這概念來自一個超怪但有些人很愛的形上學理論：四維論（Four-dimensionalism）。

體貼的康德

康德：你應當僅依循你能意願其成為普遍律則的法則而行。

孔子：己所不欲，勿施於人。

「己所不欲、勿施於人」的意思挺直截了當的：當你面臨抉擇要不要做某A事的時候，孔子建議你——

1. 假想自己是因為A損失最多的人。
2. 問自己：在這種情況下，你願意A發生嗎？

如果你的回答是「不願意」，那麼，根據孔子，你不該做A這件事。有種說法認為，康德和孔子這兩種說法表達了同一套道德見解。這種說法的思路大概是這樣——

康德的意思就是說：如果你不能接受「別人依照某個法則行動」產生的後果，那麼你自己也不應該依照那個法則行動。例如：如果你不能接受別人基於好玩脫你褲子，那麼你也不應該基於好玩脫別人褲子。因此，有些人認為，康德的主張，就是「己所不欲，勿施於人」。

然而，康德的建議，比這個見解複雜許多。當你考慮自己是否做A，康德可能會建議你：

1. 找出讓你想做某事（A）的完整動機（M）。
2. 寫下一條法則：「當M出現，就做A。」
3. 你是否能合理想像大家都遵循此法則行動？
4. 你是否願意生活在大家都遵循此法則而行動的社會裡？⋆

根據康德，若你對3或4給出否定的答案，那麼，你就不該做A。因此，當你正在想要不要因為好玩脫人家褲子的時候，康德會建議你建構這個法則：如果我想要脫別人褲子取樂，我就脫別人褲子。你能否合理想像整個社會的人都遵循此法則行事？大概可以吧，只不過顯然那會是個動不動就有人被脫褲子的社會。你是否願意生活在這樣的社會裡？除非你喜歡被脫褲子，或者脫別人褲子好玩到讓你覺得一切都值得，否則你大概不會想要活在老是會被脫褲子的社會。因此，康德會主張，一般來說，你不應該脫別人褲子取樂。

在要不要脫褲子的問題裡，雖然理由有微妙不同，但康德的結論確實跟孔子一致。不過，若換個例子，他們的差異就更容易顯露出來。考慮這個問題：道德是否允許我借錢不還？

依照孔子的說法，你應該想想看，若你是被欠錢的人，你願意別人這樣騙你嗎？當然不願意嘛，所以你也不該借錢不還。康德當然也認為你該還錢，但他的說法跟孔子不同。康德會叫你先考慮看看這條法則：為了占便宜而不還錢，並且問自己，你是否可以合理想像每個人都依循此法則行事的社會？

你可能會覺得這沒什麼困難，不就是一個每個人都欠錢的社會嗎？這時候，康德會提醒你：若每個人都為了占便宜而不還錢，就沒有人會再願意借錢給別人，而「借錢」這種社會互動方式就會崩解。因此，康德認為「為了占便宜而不還錢」這條法則一旦普遍化，在某種意義上就會構成矛盾：你不可能合理設想任何社會當中，所有成員都嚴格遵循此法則（不還錢）行事。

康德雖然也主張有借有還，但他之所以這樣認為，並非如同孔子，是基於「如果你是被欠錢的人，你也不會願意被這樣占便宜」的考量。

借錢的例子彰顯了康德的道德見解當中有趣的部分：我們之所以必須還錢，康德會說，是因為「借錢不還」這個規則普遍化之後會造成矛盾。一條規則要能夠讓我們依循，它必須可以普遍化而不導致矛盾，這個條件讓康德的道德觀在某些時候會給出跟孔子不一樣的結果。考慮這些問題：

道德是否允許我當掉不用功的學生？

道德是否允許我擊敗對手並當選總統？

「己所不欲，勿施於人」有可能會建議你不要當掉學生，也不要當選總統，因為若是你站在別人的立場，你不會想要被當掉或落敗。有了這兩個例子的啟發之後，退一步想，你會發現，「己所不欲，勿施於人」會讓超多事情成為道德錯誤，包括到圖書館借走熱門書籍，以及追走班上最可愛的女生。

相對地，康德就不會禁止你做那些事情，因為那些行動仰賴的規則都可以普遍化，而你也可以接受生活在大家都依循那些規則行事的社會裡。可能有人會問：「追走班上最可愛的女生」這種行為要如何普遍化？畢竟班上最可愛的女生根據定義只會有一個。事情是這樣的，需要普遍化的是「規則」，而非「行為」。規則並不要求你隨時完成它指定的結局，你只要在規則的「觸發條件」發生時，做出相應的行動，就算是依循規則了。舉例而言，上述行動的規則應當可以寫成：

基於公平，在學生成績未達標準時，當掉他。

為了當選，堅持到最後。

在你需要的時候，到圖書館借熱門書。

因為喜歡，去追女生。

經過這樣對比，我們可以知道，若單從字面理解，「己所不欲，勿施於人」，不會是恰當的道德規則，因為它建議你不要做任何會讓別人遭受損失的事情，而所有非瑣碎的行動，基本上都會讓某些人遭受損失。

當然，康德提供的道德原則是否恰當，還在道德哲學家的爭論當中。而孔子的道德學說也不僅僅只是「己所不欲，勿施於人」這句話而已。但至少有件事情可以確定：「己所不欲，勿施於人」無法概括康德的倫理學。

★當然，康德的說法就和其他許多古早哲學理論一樣，有許多種詮釋版本，在這裡，我選擇其中一個我認為好理解且有一定道理的，作為討論對象。

伽利略的思想實驗

亞里斯多德：若兩物體一重一輕，同時落下，重物會先著地。

伽利略：如果把這兩個東西綁在一起，會發生什麼事？

或許奠基於古希臘人對羽毛和石頭的觀察，亞里斯多德（Aristotle）主張：重的東西落得比輕的東西快。有一些科學軼聞會告訴你，這個說法深植西方人心中長達一千八百年，直到伽利略（Galileo Galilei）帶著兩顆鐵球爬上比薩斜塔，終結了這個傳說，並站上史上最身強體壯的科學家之列。

雖然伽利略的弟子對這個實驗有所記載，但也有歷史學家認為那純粹是坊間流言。伽利略有沒有把鐵球從斜塔頂端丟下，並看著它們同時著地，這是科學史的課題，不過在哲學上，我們倒是可以確定：要證明亞里斯多德的自由落體理論有問題，不需要真的爬到任何塔頂做墜落實驗。

亞里斯多德：很清楚，重物落得快，輕物落得慢，若兩者綁在一起，重的會被輕的拖累，所以綁在一起時，會落得比各自掉落的速度還要慢。

伽利略：是嗎？可是兩個被綁在一起之後，會變成一個比原先重物還要重的東西，這難道不會落得更快嗎？

亞里斯多德：咦!?

作為對物理定律的描述，自由落體理論的基本資格是，必須對「給定相關條件的自由落體結果」做出確定的預測，然而，亞里斯多德的理論，對於被綁在一起，從三萬英呎高空機艙丟下的胖虎和小夫，卻會給出兩種預測：

A. 胖虎掉落的速度會被比較輕的小夫拖累，所以掉得比胖虎單獨掉落時還慢。不過，對小夫來說，則是被較重的胖虎拖著下墜，所以會掉得比他自己單獨掉落時還要快。

B. 在綁上小夫之後，胖虎變得比原來還要重，所以會比他單獨墜落時，落得更快。

為什麼會這樣？單看亞里斯多德的說法，其實很簡單：

亞氏自由落體理論：當兩個東西同時落下，重的東西掉得快，輕的東西掉得慢。

這個說法的瑕疵，在於它預設了「一個東西」這樣的概念。當胖虎和小夫各自同時掉落，我們很清楚他們是「兩個不同的東西」。然而，當他們被綁在一起，我們的直覺就開始搖擺：這該算成是「被綁在一起，一輕一重的兩個東西」嗎？還是「更大更重的一個東西」？若我們選擇前者，會得出A；若選擇後者，會得出B。

根據亞氏自由落體理論，要知道被綁在一起的胖虎和小夫墜落的速度，必須先知道他們該被算做「兩個東西」還是「一個大東西」。但是，這倚賴觀察者的認知和分類習慣，而且老實說，怎麼樣都無所謂。而胖虎和小夫事實上會如何墜落、誰先落地，不太可能受到觀察者的認知習慣所影響，也不能基於個別認知的因素就改變。

伽利略使用的這種——不實際做實驗，僅僅依據常識和直覺對假想情境進行思考，得出結論的方法，叫做思想實驗（Thought experiment）。思想實驗只有在資訊齊全時才有用，只要整理過這些資訊，就能推論出有意義的結論。所以在面對未知世界的經驗科學，如物理學、化學、生物學，思想實驗並不如哲學中那麼常見。然而，伽利略的例子告訴我們，不管身處什麼領域，最好隨時對於自己使用的概念抱持一定程度的警覺，才不會一錯就一千八百年，而且這錯誤不難察覺，只要坐下來好好想想就能發現。

事實上，非常在意細節的人，會發現亞氏自由落體理論對胖虎和小夫墜落速度的預測不只上述兩種，當你把他們兩人被綁情境中的新元素，也就是繩子，考慮進去，可能的預測組合就更多了：

C. 胖虎、小夫加上繩子，算做一整個又大又重的東西，墜落速度會比B還要快。

D. 胖虎和小夫兩個加在一起，本來會墜落得很快，但是他們被繩子拖累，墜落速度會比A快，但是比B慢。

E. 小夫和繩子同時拖累落下的胖虎，墜落速度會比A還要慢。

F. ……

給定同一個情境，隨著觀察者的角度不同，亞氏自由落體理論可以有這麼多種結果，物理定律不可能這麼隨便！

要符合物理定律的基本資格，亞氏的理論必須加註「在各種情況下應該把眼前的哪些物體視為同一個，哪些視為另一個」這樣的補充，才不會有上面那樣產出複數預測的結果。然而，不管選擇怎樣的分類判準，我們似乎都會遇到同一個問題：這個分類判準和其他判準一樣，都只是在描述人類作為觀察者的分類習慣，跟被觀察的「物理對象」和它們的「自然運動」都無關，在這樣的情況下，我們憑什麼說這個判準比其他判準更有道理，更有資格成為物理定律的一部分？

這個句子不是真的

師兄：怎麼樣，所以這個句子是真的嗎？

小琪：誰在乎這句是不是真的啊？念哲學念到腦殘喔你！

對哲學家來說，悖論的定義很簡單：每個人都看得出來某一串論述有問題，但是卻很難說清楚問題出在哪，那麼就可以說它是個悖論。

最經典的悖論幾乎都附贈矛盾。但值得注意的是，有矛盾不代表就有悖論。例如：

有些單身漢是女的。

這是個矛盾句，但本身不附帶什麼悖論，因為大家都看得出其中的矛盾出在哪裡：因為根據定義，不會有單身漢是女的，所以這個句子是假的。這個句子中沒有任何未解的謎題，因此也就稱不上是悖論。

就算某個論述是悖論，也不代表它永遠都會被當成悖論看待。在歷史上，有一些悖論不幸被人找出完美解答而死去，從此成為「前悖論」。例如《公孫龍子》的白馬論，我們已經知道問題就是出在語言的歧義，一旦改寫句子、消除歧義，白馬論就只是個詭辯而已。（見第51頁〈真正男子漢的歧義問題〉）

當然，還有很多活著的、尚未解決的悖論散

布在各學術領域，其解決方案所需的專業也不見得一樣。其中最具代表性的就是說謊者悖論（Liar paradox）：

這個句子不是真的。

這種句子的難解之處在於，只要你把它當作真的，它就會變成假的；反過來說，把它當成假的，這句子就變成真的。說謊者悖論造成的問題誰都看得出來：句子一下子是真，一下子是假，真假值（Truth value）跳來跳去，沒一個定論。然而，我們該怎麼解決這個問題？

面對說謊者悖論，一些哲學家建議我們退一步想：說謊者悖論的癥結明顯是來自真和假的概念，然而，我們幹嘛這麼在乎這兩個概念？

可能的答案很容易就可以想到：當一個句子為真，表示它對世界做了正確描述，表示它可以當做我們的決策參考，這就是為什麼大家都關心「核四可以抵抗七級地震」是否為真，或是當你去演唱會之前，會先檢查一下「我有帶門票」這句話的真假值。反過來說，當一個句子為假，你也最好能在做相關決策時注意到這件事。例如，社會中有一些人，就是因為不知道「同性婚姻合法化會造成人類滅亡」這句話是假的，所以浪費了很多精力妨礙別人追求幸福。

真假值之所以重要，因為它們能說明「語句承載的資訊」是如何跟世界產生值得我們注意的關係。但是讓我們回頭看看這個句子：

這個句子是真的。

這句子跟說謊者悖論有點像，不過它講的東西剛好相反：說謊者悖論說自己不為真，但是它說自己為真。哲學家把這種句子叫做老實人（Truth teller）。老實人在真假值的變化上，也跟說謊者悖論不一樣：如果你把老實人當作是真的，它就會一直是真的；如果你一開始把它當作是假的，它就會一直都是假的。它很安分，不會像說謊者悖論一樣，真真假假跳來跳去引人心煩。

但是老實人依然值得討論，是因為它讓我們知道一件重要的事：有一些句子討論的東西跟世界無關。老實人不但跟核四、地震無關，也跟你要前往的演唱會無關，事實上，它跟世界上幾乎所有東西都無關，它斷言的範圍僅限於它自己：它說它自己是真的。

因此，你可以任意給定老實人的真假值，不管這個世界出現什麼變化，它的真假都不會變動。老實人跟我們著眼於世界所在意的資訊完全無關，我們就算一點都不了解它到底是真的還是假的，也不會影響我們在這個世界上的活動。

說謊者悖論也一樣。說謊者和老實人都只談論自己。哲學上我們把這種情況叫做自我指涉（Self-reference）。這種純然自我指涉的情況，不但造就說謊者悖論的真假值跳動，也讓它們兩個句子變得跟我們關心的世界無關。

如果我們把關於真假值的自我指涉從語言中排除，例如，我們「規定」所有用中文的人，都不能造那種僅談論自己本身真假的句子，那麼說謊者悖論就不會出現。有一些哲學家這樣診斷說謊者悖論：它的存在，是因為我們的語言實在太豐富，允許句子自己談論自己的真假值。真的非常在意說謊者悖論的哲學家，會企圖創造一整套人工語言，來避免語句在真假值上自我指涉。然而，對於沒有這種邏輯潔癖的你我來說，這些哲學討論也正確地診斷了說謊者悖論產生困惑的原因，並指出在生活上避免這種困擾的單純原則：別使用這類在真假值上只純然自我指涉的句子。

哲學雞蛋糕哲學

動腦偏執狂的娛樂零嘴

作者　朱家安
編輯　郭正偉
封面設計　好春設計
內文排版　陳恩安
總編輯　劉粹倫
發行人　劉子超
出版者　紅桌文化／左守創作有限公司
10464 臺北市中山區大直街117號5樓
02-2532-4986
undertablepress@gmail.com
印刷　約書亞創藝有限公司
經銷商　高寶書版集團
11493 臺北市內湖區洲子街88號3樓
02-2799-2788
書號　ZE0129
ISBN　978-986-92805-9-4
2013年11月初版
2018年1月二版6刷
新台幣300元

國家圖書館出版品預行編目(CIP)資料

哲學哲學雞蛋糕：動腦偏執狂的娛樂零嘴 /
朱家安作. -- 二版. --
臺北市：紅桌文化, 左守創作, 2018.01
204 面；14.5*21公分
ISBN 978-986-92805-9-4 (平裝)
1. 哲學
100　106024249

UnderTable Press
Published by Liu & Liu Creative Co.
5F 117 Dazhi Street, 10464 Taipei Taiwan

Phiphicake: 42 Philosophical Puzzles in Everyday Life